JN068045

Purpose Driven

パーパス・ドリブンな組織のつくり方

発見・共鳴・実装で会社を変える

アイディール・リーダーズ株式会社
永井 恒男・後藤 照典 著

日本能率協会マネジメントセンター

はじめに

　今、ビジネスの世界では「パーパス」という言葉が注目を集めています。多くの会社が新たに自社のパーパスを策定し、発表するようになってきています。

　この本は、きれいに飾られた言葉でパーパスをつくるための本ではありません。パーパスを掲げて、それをいかにプロモーションに繋げるかを書いているわけでもありません。

　本書は、パーパス・ドリブンな経営を実現する第一歩を踏み出すための本です。パーパスとはつまり存在意義のことです。会社の存在意義のままに経営を行うこと。これはいたってシンプルなことです。しかし、それができている企業はそう多くはありません。なぜ、こんなにも単純なことを多くの企業ができていないのでしょうか。それには、いくつかの要因があります。本書でその課題を丁寧に紐解いていきます。

　もしあなたが、会社の存在意義であるパーパスを改めて策定し、社内への共鳴を促し、そして実装までつなげたいと考えているならば、本書はそれを全力で後押しする、これまでにない一冊としてお役に立てるはずです。

　自己紹介が遅くなりました。

　はじめまして。アイディール・リーダーズの永井恒男と後藤照典と申します。弊社は、パーパス・ドリブンな経営を目指す会社の支援を行うコンサルティングを担っています。近年、日本でも「パーパス」という言葉が急速に広がっていま

す。それに呼応して、弊社へも「自社のパーパスについて」のご相談が増えてきました。

そのご相談の中で、筆者が気になっているのは、「パーパスを掲げること」が目標になっていることが多いことです。

「カッコイイ文言でパーパスをつくりたい」

「パーパスをつくることで会社の認知度を上げたい」

そんなご相談をいただくことも少なくありません。こうした思いが、完全に間違いとは言い切れません。しかし、筆者がとても残念に感じているのが「掲げただけで実装につなげるイメージを持てていない」ということです。

先ほどパーパスは、存在意義だと説明しましたが、それをさらに噛み砕くと、「自社らしさ」を生かし、「どう社会に貢献するか」をあらわした言葉がパーパスです。つまり、パーパスは実装することでソーシャルインパクトを起こす力があるものなのです。これを「お題目」だけで終わらせてしまうのは、あまりにもったいないことではないでしょうか。

あなたの会社がパーパス・ドリブンな経営に舵を切っていくことで、社会は確実によくなっていきます。筆者は、そのお手伝いがしたいと心から思っているのです。

そして、筆者のもう1つの願いもお伝えさせてください。

それは、企業で働いている一人ひとりが、もっと幸せに仕事に向き合えるようになってほしいということです。今の社会において、「仕事にやりがいを見出せない」「何のために働くのかわからない」といった不平不満を抱えている人は少な

くありません。こうした思いは、「個人のパーパス」と「会社のパーパス」が合致していないことによって引き起こされます。

　本書を読んでいる読者の方の中にも、個人のパーパスに目を向けたことがないという人もいるかもしれませんね。個人のパーパス、すなわち、「自分の存在意義」を急に問われても答えに窮してしまうかもしれません。しかし、個人のパーパスはこれからの社会を生きていく上で非常に重要なもの。そして、個人のパーパスが明確でなければ、会社のパーパスへの共鳴も起こり得ません。

　当然のことながら、個人のパーパスと会社のパーパスが合致している人は、やりがいを持って生き生きと働くことができます。本書は、そうした人をひとりでも増やしたいという思いも込めて、個人のパーパスへ目を向ける項目も設けています。

　本書では、パーパス・ドリブン・マネジメントの解説を体系的に行なっていきます。

　第1章では、改めて「パーパスとは？」という問いを紐解いていきます。なぜ、今パーパスが必要とされているのかも詳らかにできればと思っています。

　第2章では、本書の軸である「パーパス・ドリブン・経営」について解説していきます。発見（策定）・共鳴・実装の3ステップでパーパスドリブンな経営を実現する方法を示します。

第3章では、パーパスの発見・策定にフォーカスを当てます。各社にはすでにパーパスとなり得る言葉が眠っています。パーパスを策定する作業は、それを掘り起こすプロセスに他なりません。

　第4章では、パーパスへの共鳴について取り上げます。先ほどお伝えした通り、会社のパーパスと個人のパーパスが重なっていることは、一人ひとりがやりがいを持って働いていくために非常に重要です。つまり、それぞれのパーパスが共鳴し合うことが重要なのです。

　第5章は、パーパスの実装です。事業・プロダクトや組織などにおいて、どうパーパスを実装していけばよいかを示しています。

　そして、最後の章では、パーパスドリブンな経営を実現している株式会社ワコム、ピジョン株式会社、株式会社LIXIL、株式会社ぐるなび、日産自動車株式会社の5社にご登場いただきます。業界も歴史も異なるこれらの企業が、パーパスを発見し、社内での共鳴を図り、実装につなげています。5社のストーリーにより、5章までお伝えしてきたメソッドがよりリアルに捉えられるようになるはずです。

　弊社のパーパスは、「人と社会を大切にする会社を増やします。」です。本書はまさにこのパーパス実装のひとつのかたちです。

　混沌とした社会で、新たな価値観も登場し、これからどう道を歩んでいけばよいか迷う人も少なくないでしょう。こう

した世界において、パーパスは会社の道しるべになります。日本の企業には、まだまだ大きな可能性があります。筆者はその可能性をもっと拡げるお手伝いをしていきたい。本書が、多くの企業が社会に価値を提供し続け、そこで働く一人ひとりが生き生きと力を発揮できる一助となりますように。願いを込めて。

アイディール・リーダーズ　永井恒男・後藤照典

パーパス・ドリブンな組織のつくり方
発見・共鳴・実装で会社を変える

◉目次

目次

第5章
パーパスの実装

第6章
パーパス・ドリブン・経営を
実現する企業事例

※本文中で引用されている URL は 2021 年 11 月現在のものです。

第1章
パーパスとは？

1. パーパスの定義は「Why」

　現在、世界中で「パーパス（Purpose）」が注目を集めています。パーパスとは、そのまま訳すと「目的」です。しかし、ビジネスの文脈では組織の存在意義のことを指します。「この組織は何のために存在しているか？」という組織の「Why？」の部分がパーパスに当たります。「どうやるか（How）」や「何をやるか（What）」ではありません。

パーパスは組織の「Why」

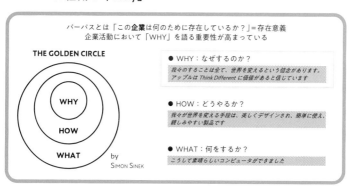

　　パーパスとは「この**企業**は何のために存在しているか？」＝存在意義
　　企業活動において「WHY」を語る重要性が高まっている

THE GOLDEN CIRCLE

WHY

HOW

WHAT

by
SIMON SINEK

● WHY：なぜするのか？
我々のすることは全て、世界を変えるという信念があります。アップルは Think Different に価値があると信じています

● HOW：どうやるか？
我々が世界を変える手段は、美しくデザインされ、簡単に使え、親しみやすい製品です

● WHAT：何をするか？
こうして素晴らしいコンピュータができました

出所：「優れたリーダーはどうやって行動を促すか」サイモン・シネック
　　　TED Talk 動画よりアイディール・リーダーズ作成

VUCA（Volatility・Uncertainty・Complexity・Ambiguity）という言葉が登場し、社会やビジネスにおいて未来の予測が難しい時代が到来しました。加えて、2021年現在新型コロナウイルスが世界的に蔓延し、この状況をどう打破していけばよいか、誰も答えを持っていません。他にも、地球環境問題の深刻化や広がる貧困など社会課題は山積しています。その課題解決に向けて SDGs が提示され、企業はもちろん個人もその実現に向けて歩み出しています。

　こうした社会変化に加えて、企業は、人材流動性の高まりや、新たな価値観を有するミレニアル世代・Z世代の組織への加入など、これまでとは異なるマネジメントが必要になっています。

　こうした大きな社会変化の中で、組織がパーパスを持つことが重要になっているのです。

　パーパスがあるメリットは、一言でお伝えすると「組織において一貫性のある戦略が描かれ、一体感が生まれること」です。

　パーパスに共鳴した社員のモチベーションが高まり、パフォーマンスや創造性が発揮されます。実際に優れた組織に見られる特徴の1つは、心から信じられるパーパスを社員一人ひとりが胸に抱き、その達成に向けて実装しているということです。

　また、パーパスから生まれた商品やサービスは顧客の共感や支持を生むことにつながります。その結果、売上が上がり、企業の持続的な経営が実現されます。

　パーパスで必ず盛り込むべき要素は、「その組織の価値観（独自性）」と「社会的な意義」です。「その組織の価値観（独自性）」とは自社（自分）が大切にする軸となる考え方で、「社会的な意義」は組織が社会に対してどのような影響をおよぼすかという視点です。

　たった2つのポイントですが、両者を盛り込めているパーパスはそう多くはありません。多くの企業が、どの組織にも掲げられているような一般的な表現になっていたり、具体的にどう社会に貢献できるのか見えにくかったりするのです。

　さらに、パーパスは既に存在しているものであり、「発見」されるものです。そのため、本書でも「作成」や「開発」という表現ではなく、「発見」とお伝えします。企業のお手伝いをする際も、弊社が新たにゼロからパーパスを作成することはありません。会社に残る根本的な強みや思いを掘り下げて、パーパスを形づくることが、弊社の主たる役割となっています。

　ちなみに、弊社のパーパスは「人と社会を大切にする会社を増やします。」です。企業にとって重要なことは、世の中に価値を提供し続け長期的に発展することです。自分たちの活動を通じて、人と社会を大切にする会社が溢れる世の中を創っていきたいと考えています。加えて、弊社自身も、人と社会を大切にする会社であり続けます。つまり、社内外問わずパーパスの世界観を実現していくことが重要なのです。

　まとめると、パーパスとは、自分たちらしさ（強み、思い、歴史など）が凝縮されており、社会性を含み、社内外に共鳴

を生み、目指す世界の実現に向かうエネルギーを生み出すものだといえるのです。

2. パーパスの特徴

　組織のパーパスは、「独自の価値」と「社会的意義」からなります。パーパスの特徴ともいえる「独自の価値」と「社会的意義」の2つの観点について解説します。

パーパスの特徴

①独自の価値

　パーパスには、その会社の独自の価値が含まれている必要性があります。社員が心から信じて行動できるものである必

要があるので、組織の価値観に沿っていなければなりません。
　また、独自の価値を発揮することは社会の要請でもあります。

　2000 年代から、「自分らしく」という表現がよくなされるようになりました。教育現場でも「競争」ではなく「個性」にスポットライトが当たるようになり、SMAP の『世界に一つだけの花』が大流行。「一番きれい」ではなく、「それぞれきれいな良さがある」「オンリーワン」という価値観へと変わっていきました。運動会でも『世界に一つだけの花』が使われてきました。今の若者たちはあの曲の世界観に幼いころの時代から慣れ親しんでいるのです。個性を重んじる価値観が一層浸透しているでしょう。

　また、インターネットによる世界の広がりもあり、私たちは遠く離れた個の存在にも思いを馳せるようになりました。例えば、アフリカの貧しい人たちが亡くなることに対して、それぞれが「何かしなければ」と考えるようになったのです。これは、世界的に一人ひとりの命の価値が高まってるという見方をすることもできるでしょう。

　個人の価値観が変化したのであれば、個人の集合体である「組織」も変化しなければ不自然です。「私は私らしく」の風潮の強まりを受けて、組織もそれを生かす視点が欠かせなくなりました。もちろん、組織の理屈もあるので、全員が「その人らしさ」を 100％ 発揮していくことは難しいでしょう。しかし、数十年前と比べたら、個の価値に目を向ける傾向は随分と強まりました。

また、そもそも就職する会社を選ぶときに、「自分らしくいられる会社」を選ぶという傾向も強まりました。つまり、「うちはこういった組織です」という特徴が明確な方がよりマッチした人材が集まってくる社会となったのです。さらに、「何のための組織か」や「何を目指す会社なのか」といったことがとても重要になります。わかりやすくいうと、野球チームに入っても、メジャーリーグを目指すのと、草野球でみんなで楽しく地域に貢献するのとではまったく組織の意味が変わります。この「自分たちらしさ」の重要性からパーパスへの価値に注目が集まったのです。

　独自性のあるパーパスをつくることにより、社員に支持され、さらに社外からも組織への信頼感が増す可能性が高まるのです。

②社会的意義

　パーパスには、社会的な意義も含まれている必要があります。企業が自社の利益や株価の追求だけでなく、社会の課題解決に関わることが求められるようになってきているのです。

　従来、企業が存在する意味は、一人ではできないことであっても集団でならば果たすことができる、というところに重点が置かれていたように思います。古くはヨーロッパ諸国がインドとの貿易を行うために、東インド会社が組織されました。他国との貿易は個人では行えません。そこで、お金と人を集めて、組織で行おうとしたのです。他にも、製造業であれば、自動車はひとりではつくれないのでたくさんの人が集まり、

パーツを分けてつくっていました。

　しかし、インターネットや SNS の普及などによって個人の発信力が高まったことで、個人がどんどん経済圏をつくることができるようになり、人が集まって事業をする意味が弱まりつつあります。

　こうした社会変化の中で、企業が変わらず「株主価値の向上」や「いかに利益を上げるか」という価値観のみを掲げ続けていては時代に取り残されてしまうでしょう。もしかすると、「企業」という仕組み自体が "オワコン" になってしまう可能性すらあります。

　加えて、ミレニアル世代や Z 世代が従業員や顧客となると、より企業に社会的な価値を求める志向が強まるといわれています。そうなれば、組織の存在意義をよりシビアに見つめるようになるでしょう。

　企業が社会において存在意義を示し続けるには、「独自の価値」と「社会的意義」が不可欠になります。両方を保持していなければ、顧客も構成員もついてきません。弊社は、「企業を支援する企業」ですから、それぞれの会社が社会に必要とされるよう支援を続けていきたいと考えています。

3.ビジョン・ミッション・バリューとの違い

①パーパスと他の概念の整理

　パーパスは、ミッション、ビジョン、社是、企業理念といったものと混在されがちです。言葉による分類にすぎないので、ミッションといいながらもパーパスの役割を果たしていればそれでいいとも思います。しかし、整理することでわかりやすくなる側面もあるので、ここではそれぞれの言葉を定義していきます。

　まず、パーパスは「Why」であるということをお伝えしました。ビジョンは「Where」、ミッションは「What」、バリューは「How」だといえます。ビジョンは「パーパスを実践し続ける中で訪れる未来のある時点での最高の姿」を意味し、ミッションは「パーパス実現に向けて企業が果たす役割」と表現できます。

　そして、「Why（パーパス）」だけを掲げることは案外難しいので、「What（ミッション）」を同時に考えることが多いです。ミッションは、より具体的な企業活動の内容であることが多いです。例えば、「顧客と共に栄える」や「技術を研ぎ澄ます」などを示している企業が多いです。

　また、ビジョンとパーパスが似たものになることもあります。ビジョンは、5年後や10年後に実現したい「状態」のことです。「お客様から、こんな風に評価されたい」「こん

商品を提供したい」「こんな従業員のいる会社にしたい」などの表現になります。色々な切り口がありますが、キャッチフレーズ的に一言で表現しようとするので、「○○な企業を目指します」に集約されます。特に「将来は社会に対して××という価値を提供したい」という表現になると、ビジョンはパーパスに重なってきます。繰り返しますが、本来、ビジョンは様相や様子です。そのため、一言に丸めた表現にするのではなく、一枚の絵にまとめたり動画にしたりして表現した方がより豊かに内容が表現されると筆者は考えています。

　バリューは行動指針ですので、「日々何を意識するか」「どう仕事をするか」を掲げます。日本には昔から行動指針を会社に貼り出すような文化があったので馴染みがあります。

　また、従来日本の企業に存在した社是や企業理念は何かというと、社是はバリューで、企業理念はパーパスである傾向が強いです。例えば、企業理念には「○○を通じて社会に貢献します」ということを掲げているケースが多いです。これは社会的に組織がどんな存在意義を持っているかを示しているので、まさにパーパスと重なるのです。

パーパスとミッション・バリュー・ビジョンの関係

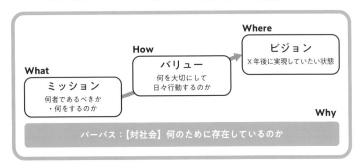

②東急建設の場合

　ここで事例をご紹介しましょう。東急建設の理念体系にはパーパス、バリュー、ビジョンが含まれています。パーパスである存在理念がバリューである経営理念・行動理念と共に制定されたのは2000年。「わたしたちは安心で快適な生活環境づくりを通じて一人ひとりの夢を実現します」というパーパスは確実に社員に根付いていて、多くの社員が暗唱できるほどです。そのために多くの社員はパーパスを強く意識して日常の業務に励んでいます。

　ビジョンに関してはこの30年間で10年ごとに2010年、2020年、2030年に向けたビジョンを3回策定されました。ビジョン2020は「Shinka（深化×進化＝真価）し続けるゼネコン」。「本業である建設請負の力を高める一方で、建設請負以外の新たな事業領域にも挑戦し成果を上げる、新たなゼネコン」の姿を目指すと説明されています。2020年に策定されたVISION2030は「0へ挑み、0から挑み、環境と感動

を未来へ建て続ける。」。「ゼロへ挑み」はカーボンゼロ、廃棄物ゼロ、「ゼロから挑み」は、新領域への挑戦などを表し、「ゼロへ挑み」で環境を、「ゼロから挑み」で感動を提供し、持続可能な社会への貢献と企業価値向上への挑戦を続けていく状態を未来のありたい姿として策定しています。

　VISION2030 は、経営者から若手社員まで 55 名で構成するプロジェクトチームが、約 6 か月にわたり、10 年後どのような状態になりたいのか?という議論を経て策定しました。ホームページで発表されている文章だけでなく、具体的に各事業の 2030 年の理想的な状態、自社組織の姿を詳細に描きました。ビジョン策定プロセスは、筆者(永井)がサポートしました。プロジェクトメンバーは、自分達はもちろん、社員全員がワクワクする未来を描こうと心がけました。また、新たに立ち上がっているであろう新規事業や技術革新も検討されています。一部はムーンショットとしてホームページでも発表されています。また組織や人材の理想像についても様々な議論がされました。検討された様々な要素の集合が 2030 年の理想の姿です。ただ、そのままではプロジェクトメンバー以外に伝えることは難しいため、あえて情報量を絞り、キーフレーズと説明する文章を策定し、社外にも公表しています。さらに VISION2030 を実現するために長期戦略も策定されました。毎年の年度目標や予算は長期戦略をブレークダウンする形で策定されています。

　このように本来はパーパスがまず存在し、パーパスが経営で実現された状態をビジョンが表現します。バリューはパー

パスやビジョンを実現するための行動や意思決定の指針を示します。さらにはパーパスを実現するために戦略が描かれるというのがあるべきプロセスです。もし、あなたの組織でパーパスが新しく策定されるのであれば、それに付随してバリュー、ビジョン、戦略も更新されるはずなのです。

東急建設の理念体系図

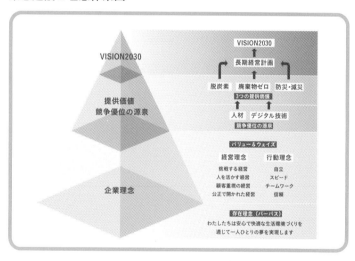

出所：東急建設株式会社　ホームページ　https://www.tokyu-cnst.co.jp/company/vision/

東急建設のビジョン、「VISION2030」

0へ挑み、0から挑み、
環境と感動を
未来へ建て続ける。

「建てる」を変える。
「建てる」の先まで変える。
課題は待ったなしで立ちはだかる。

カーボン「ゼロ」、廃棄物「ゼロ」を目標に、
持続可能な街づくりにもっと新しいソリューションを。
新領域へ「ゼロから」取り組み、
人が生きる環境に、もっと安心を、しなやかさを、そして感動を。
いま「建設会社」こそ社会が、未来が求める課題解決の、
先頭に立たねばならない。

私たちは、人も医療も、最先端を目指せる力を蓄えた。
加えて積極的に、多様な専門性を持つ新たな知恵を迎え、
垣根を外して組み、目的を共に一体となり、最新のデジタル技術を友とする。
それら持てる全てを駆使して、「建てる」の変革へ。
さらに「建てる」の枠を超えたチャレンジへ。
誠実で主体的な挑戦の積み重ねが企業価値を押し上げ、
お客様に、協力会社に、社員とその家族に、株主に、そして社会に、
新たなゆたかさを提供していく力となる。

1959年の創業時、
東京の人口集中という社会課題解決に向け、
多摩田園都市開発からスタートした私たち。
いま、誰よりもスピードを持って、
未来を生み出す新たな価値づくりへ向かう。
私たちが誰もうとする地平は、どこまでも無限に広がっている。

出所：東急建設株式会社　ホームページ　https://www.tokyu-cnst.co.jp/
company/vision/

③NECの場合

NEC は 2020 年 4 月、NEC グループが共通で持つ価値観で
あり行動の原点である「NEC Way」を改正しました。NEC

Way は企業としてふるまう姿を示した「Purpose（存在意義）」「Principles（行動原則）」と、一人ひとりの価値観・ふるまいを示した「Code of Values（行動基準）」「Code of Conduct（行動規範）」で構成されています。NEC のパーパスは、「NEC は、安全・安心・公平・効率という社会価値を創造し、誰もが人間性を十分に発揮できる持続可能な社会の実現を目指します。」です。

2021 年度に発表した「2025 中期経営計画」の基本に、このパーパスを置いています。2025 中計には、事業戦略、財務戦略、文化への取り組みが含まれています。

さらに、財務戦略の一環として、企業と社会のサステナブルな成長支える非財務基盤を強化することも述べられています。まさにパーパスを実現するために一貫した経営方針が示されているのです。また、2025 中計では、パーパスの実践を通じて目指す社会像として「NEC 2030VISION」を示しています。Why, What, Where, How が一気に更新されている事例です。

NEC Way

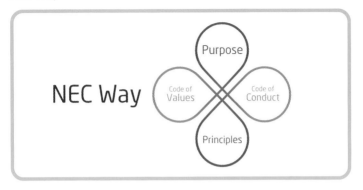

出所：NEC　ホームページ　https://jpn.nec.com/profile/corp/necway.html

④大事なのは「パーパス・ドリブン・経営」

　ここまでパーパスとミッション、ビジョン、バリュー、また企業理念との違いを説明してきました。ここで強調したいのは、筆者は厳密にパーパスの定義を規定し、厳密に運用することを良しとしていません。パーパスよりも「パーパス・ドリブン・経営」が重要だと考えています。「パーパス・ドリブン・経営」とは自社の存在価値や社会的意義を探求する経営です。そのため存在価値や社会的意義を表す何らかの表現形があり、それを実現するように経営がなされていることが重要です。表現形を何と呼ぶのかはあまり重要ではないのです。

　補足的にお伝えすると、1990年代には CI（コーポレート・アイデンティティー）という言葉が流行しました。これは、

ミッション、ビジョン、バリュー、そしてパーパスが含まれている概念だったといえます。

　よく「ミッション、ビジョン、バリューをつくりましょう」と書籍などにも書かれているのですが、現実的にはミッション、ビジョン、バリューを一緒につくる会社はほとんどありません。スタートアップならばともかく、10年ほど経てば、企業理念・社是・ミッション・ビジョン・バリューの何かしらはつくっています。

　弊社がお手伝いをするときも、全部つくり直すことはまずありません。「パーパス・バリュー・ビジョンと揃えるには、うちの社是は変えなければいけませんね」と相談を受けることがありますが、形式を整えることに本質的な意味はありません。これまで自社に残ってきたことを大事にし、必要であれば、説明文を付けるという方法も有効です。説明文のイメージとして、三菱グループの「三菱三綱領」という根本理念をご紹介しましょう。「三菱三綱領」は、1930年代に第四代社長岩崎小彌太により掲げられました。

> **三菱三綱領**
>
> **所期奉公＝期するところは社会への貢献**
> **処事光明＝フェアープレイに徹する**
> **立業貿易＝グローバルな視野で**

出所：三菱三綱領　https://www.mitsubishi.com/ja/profile/group/
　　　principle/

　「立業貿易」については、1930年代当初は「グローバルな

視野で」という意味ではなかったのではないでしょうか。おそらく、「国でつくった物を海外に売って外貨獲得する」というニュアンスだったと想像されます。しかし、それを現在の社会にあてはめて考えてみると、「グローバルな視野で」という解釈がふさわしくなるのです。

つまり、時代に即して会社の存在意義が変わることは当然なので、昔からあるものを大事にし、三菱三綱領のように、解釈・説明を添えていけばよいのです。

日本には100年以上の歴史を誇る企業が数多く存在します。そのような企業は存在意義が社会において長期間認められていたのですから、創業時から守り続けた思想やそれを表す言葉を大切に残してほしいと思います。筆者らは長くコンサルティング業界に身を置いていますが、経営学にも短期的なトレンドがあります。ミッション、ビジョン、パーパス、と企業の存在を公に表現する方法にも変遷があります。新しいコンセプトは取り入れつつ、長い歴史に裏付けられた自社の矜持を大切にしていただきたいと思っています。

4. パーパスは資本主義への挑戦

①資本主義の限界

ここで「資本主義の限界」という大きな話をさせてください。経済学者は、資本主義の限界を語るとき、「共通善不足」

だと説明しています。共通善とは、個人や一部の集団にとっての善ではなく、政治社会全体の共通の善のことを意味します。つまり、共通善不足とは、資本主義は「個人の利益になることしかやらなくなりがちである」ということです。

これを是正するために欠かせないのが利他の視点です。

「よいものをつくりたい」「お客様に喜んでほしい」などの軸を持っていれば、誰かを騙すようなビジネスにはなりにくい。こうした利他の視点は、会社のビジネスを支える非常に大事な要素です。とはいえ、「みんなのために」という思いだけでは、利益につながりません。「家の前の道路をきれいにします」ではお礼はいわれても、お金を得られることは少ないでしょう。

社会貢献は大事だけれど、資本主義社会では、それだけでは企業は存続できないのです。

もっというと、認知や共感の限界もあります。私たちは100円でチョコレートを買いますが、それはどこかの国で児童労働によりつくられているかもしれません。この現状を知らなければ、私たちは何もできません。また、知っていても共感できなければ課題解決のためのアクションは起こせません。認知と共感がなければ、社会の課題を「課題だ」と捉えることができないのです。この限界を越えるのが、共通善の追求です。根底に共通善を持っていれば、社会共通の善を目指すので、見えにくかったり自身とは遠かったりする社会課題に対してアプローチしていくことができるのです。

会社がパーパスに含まれた「独自性」と「社会的意義」を

追求していても、利益を生み出さなければ資本主義社会において存在し続けることはできません。しかし、利益を生み出すことが企業の目的ではないはずです。人間にとって呼吸は必須ですが、呼吸が人生の目的ではないはずです。資本主義社会をベースにしながら、パーパスを持ち、実装する会社が増えれば、社会は確実に変わります。そのため、パーパスは資本主義の限界へ挑戦する概念となりうるのです。筆者はパーパス・ドリブン・経営によって資本主義のバージョンアップを図りたいと考えています。

②未来社会の構築に向けて

少しずつですが、時代の流れとともに、「稼げればよい」や「成長のためなら誰かを犠牲にしてもよい」といった利益至上主義の傾向は是正されてきています。企業がよりソーシャルインパクトを追求する必要に直面していると筆者は考えています。そして企業のエグゼクティブも同様の認識を強めています。米主要企業の経営者団体、ビジネス・ラウンドテーブルが、「株主第一主義」を見直し、従業員や地域社会などの利益を尊重した事業運営に取り組むと宣言したのは2019年。同団体はJPモルガン・チェースのジェイミー・ダイモンCEO、アマゾン・ドット・コムのジェフ・ベゾスCEOやゼネラル・モーターズ（GM）のメアリー・バーラCEOなど181人の経営トップが名を連ねています。※1

日本においても、日本経団連は夢のある未来社会を構築するため、総力を挙げて「Society 5.0 for SDGs」を実行フェー

ズに移すと 2019 年に発表しています。「技術革新を基盤に、
イマジネーション（想像）とクリエーション（創造）の２つ
の「ソウゾウ」で人間中心の社会を作るべく変革を主導する。
このため、デジタル・トランスフォーメーションを横展開し
て、経済の力強い成長、国民生活の利便性向上、ヒト・モノ・
カネの効率的な配分を実現するとともに、社会課題の解決を
通じて国連の採択した SDGs（持続可能な開発目標）の達成
に貢献していく。」と 2019 年度事業方針で語られています。※2

　個別の企業の話もしましょう。あるグローバル製造業では
「人々の心の豊かさをプロデュースする」というニュアンス
のパーパスを策定し、発表しようとしています。その企業の
サステナビリティ担当役員が考えているのは、自社の製品に
よってパーパスを体現することだけではありません。自社が
プラットフォームになり、このパーパスに賛同する企業、自
治体、NPO と協力し、世界の心の豊かさを増やしていく大
きなコミュニティづくりに取り組みたいと考えています。そ
して自分の上司である社長を含むトップエグゼクティブと議
論を重ね、そのコンセプトを発表する準備をしています。筆
者はこのパーパスが発表されるのを心待ちにしています。弊
社もそのコミュニティには参画させていただきたいとお伝え
しています。

　例えば、日産自動車は「人々の生活を豊かに。イノベーショ
ンをドライブし続ける。」というパーパスを掲げています。
グローバルコミュニケーション本部 グローバル広報キャン

ペーン部 部長の大神希保氏は、本当に取り組みたいのは事業を通じたソーシャルインパクトの創出であると明言しています。（第6章参照）

　筆者は、この1年間パーパス経営に取り組む多くの企業の経営者と意見交換してきました。その方々の多くは、自社の力で社会課題の解決やより良い社会づくりに熱心に取り組んでいます。詳しくは、本書の後半で様々な事例としてお伝えしていきます。

経済学者が考える新しい資本主義

　東京大学の野原慎司准教授は、日本経済新聞「やさしい経済学」の中で、共通善の追求が重要であると主張するフランスの経済学者ジャン・ティロール（2014年、ノーベル経済学賞を受賞）を紹介し、共通善の追求のための合意形成が避けられてきたからこそ、経済学では局所的な実用を重んじ、全体の課題をなおざりにする傾向が進展したと述べています。そして「SDGs」で注目される持続的発展について、諸課題や様々な利害を調整しつつ、実現可能な解決策を示す必要があるといいます。※3

　共通善というと哲学的な響きもありますが、野原准教授は「共通善とは、みんなで社会の目標を設定しましょうという単純なこと。誰でもできるならこういう社会にしたいという理想があるはずで、各自の理想を社会の理想として合意を形成することがはじまり」であると筆者との対話の中でおっしゃっています。そういった意味で、SDGs は多くの人々の間で合意が取れた理想像です。

　格差や環境問題など資本主義の課題が深刻化し、資本主義の未来について様々な議論がされています。その中には、脱成長主義のように、経済的成長を目標とするのではなく、精神的豊かさや平等な分配を重視しようとい

う考えもあります。同時に脱成長主義が実現すれば失業
や不況といった負の作用を伴う可能性もあります。

　野原准教授は資本主義の未来について、筆者による取
材で以下のように語っています。「定常社会、成長がな
い社会を理想とした思想家として、経済学者として19
世紀にJ.S.ミルがいます。人類の歴史が約600万年。
その歴史のうち、狩猟採集生活はおそらく599万年ぐ
らい。農耕が始まったのが１万年とか１万2000年前。
それ以前はずっとおそらく定常社会でした。もし定常社
会が悪い社会であればそんなに長続きしたはずがありま
せん。人類の歴史は実は基本的に定常社会であり、むし
ろ経済成長している社会自体が例外的です。19世紀以
後、それまで数億人しかいなかった世界人口が爆発的に
増加し、現在の72億人となり、経済が爆発的に成長し
ています。爆発的な成長ですから、まさに異常な状態。
ですから、いずれは人類は定常社会に戻っていくでしょ
う。脱成長主義は仕方がない。ただ問題は、脱成長に至
るスピードです。これまで成長していたのに急にそれが
止まれば、成長することを前提してつくられた社会や制
度に慣れている我々には痛みが伴います。」

　結果としての脱成長主義の先頭を走る日本が対策とし

ては、人口減のスピードをなるべく遅くすることと企業が経済成長する国で利益を得て、国富を増やすことだと野原准教授は考えています。企業の役割は定常社会への回帰のスピードを極力緩やかにすることです。日本企業がグローバルで売れる商品をつくるには、日本人だけでつくっていても仕方がなく、多様な人々が集まる必要があります。

野原准教授は次のようにまとめられました。「J.S. ミルは、定常社会では物質的な豊かさでなくて精神的な豊かさを追求すると論じています。実際に今の世の中はそのようになっています。SNS でいいねをもらうことに、お金を使って何かを買うこと以上の魅力を感じている人が数多く存在しています。」

定常社会への回帰に伴い、物質による満足から、精神的豊かさを求める人々が増えているのです。野原准教授が「精神的な豊かさと結びついたお金儲けがあるはずだ」とおっしゃっていたのが印象的でした。

5. パーパスを軸に社会に貢献する企業事例

　実際に、パーパスを軸に社会課題解決に貢献している企業を紹介しましょう。

①パタゴニア

　パタゴニアは、2018年末に「ミッション・ステートメント（パーパス）」を一新しました。それまでは、「最高の商品を作り、環境に与える不必要な悪影響を最小限に抑える。そして、ビジネスを手段として環境危機に警鐘を鳴らし、解決に向けて実行する」を掲げていました。パタゴニアは、もともと登山などに使うペグをつくる会社でした。そのため、早くから自然保護を掲げ、環境配慮商品をリリースしてきました。

　2019年には、その方向性をさらに加速させるために、「私たちは、故郷である地球を救うためにビジネスを営む」という方向性を示しました。よりシンプルにパーパスを表現したといえるでしょう。

　パタゴニアの商品は、価格は高いですが多くのファンがいます。たしかに、商品の質がよいという側面はありますが、それだけではなく、環境に寄与する「らしさ」に共鳴した人が購入しているのです。

　パタゴニアは、ブラックフライデー（11月の第4木曜日

の翌日で、小売店で特売が行われることが多い）の際に「このジャケットを買わないで」と消費を抑えるようなCMを出しました。これは、会社として消費主義の問題に正面から取り組んだ結果です。これは、パーパスと広告が一貫しているということです。

　さらに、スポーツを応援しているため、パタゴニアの創業者は「社員をサーフィンに行かせよう」と呼びかけています。日本では、スキーやスノーボードだけで生活していくことは難しいので、パタゴニアで働きながらスポーツに打ち込んでいる人も多いです。パーパスを実現する組織づくりをしているのです。さらには自然環境の保全を目的とし、日本でも会社としてダム建設の反対運動を取り組んでいます。※4

　つまり、パーパスを軸に商品・サービスをつくり、人材マネジメントをし、広報をしています。パタゴニアはパーパス・ドリブン・経営を実現しています。

②ユニリーバ

　ユニリーバは「サステナビリティを暮らしの"あたりまえ"に」というパーパスを掲げ、公衆衛生の改善、貧困問題の解決、さらにはウェルビーイングの向上として「ダヴ」という商品を通して、若い人たちの自己肯定感の向上にも取り組んでいます。※5

③ネスレ

　ネスレは「生活の質を高め、さらに健康な未来づくりに貢

献します」をパーパスとして掲げています。健康とは心身の
健康です。美味しいコーヒーを提供するだけでなく、コーヒー
メーカーにより、オフィスでの社員同士のコミュニティづく
り、高齢化社会における孤独の解決まで取り組んでいます。
例えば、オフィス向けの「ネスカフェ アンバサダー」。「ネ
スカフェ アンバサダー」は無償でコーヒーマシンをオフィ
スに設置し、カートリッジを定期購入するサービスです。同
僚たちは数十円でコーヒー等を楽しめるわけですが、オフィ
スにおけるストレスの低減や社員同上のコミュニケーション
強化という狙いもあります。また、「バリスタ i」では、専
用のアプリを使い、リストに登録された人とコミュニケー
ションを取ることができます。この機能の延長として、遠く
離れた両親の安否確認に活用することも可能です。このよう
に、ネスレは製品を通じてパーパスを体現しています。※6

④LIXIL

　パーパスを軸にソーシャルインパクトを生み出している企
業は日本にも数多くあります。まずは LIXIL。LIXIL のパー
パスは「世界中の誰もが願う、豊かで快適な住まいの実現」
です。パーパスを実現するための戦略の1つとして、グロー
バルな衛生課題の解決、「2025 年までに衛生環境の改善に
関する取り組みを通じ、1億人の生活の質を向上させます」
を設定しています。その施策として、SATO というブラン
ドで、エントリー・レベルの水まわりの商品（トイレ、手洗
い機等周辺製品）を新興国に対して展開しています。2020

年 3 月期までに 41 ヶ国以上に 500 万台以上を出荷し、2,500 万人の衛生環境の改善に貢献しています。※7

⑤ピジョン

　次にピジョン。ピジョンは「赤ちゃんをいつも真に見つめ続け、この世界をもっと赤ちゃんにやさしい場所にします」というパーパスを掲げています。ピジョンのベビー・ママ事業、子育て支援事業には、パーパスが体現されています。お母さんの乳首の感触に限りなく近い哺乳器、大きな車輪でスムーズに走行できるベビーカー等、赤ちゃんにとって優しい場所にするための商品づくりを行っています。

　このパーパスはお母さんのストレスの低減という社会課題解決にもつながっています。例えば、母乳育児を続けられる環境整備や出産後の女性の復職支援を目的として、「授乳・さく乳室」を様々な場所で設置しています。その数は、世界 21 カ国で 9,465 ヶ所（2020 年 12 月末現在）です。※8

　日本では日本橋の本社、つくばみらい市の中央研究所には、誰でも使える「授乳・さく乳室」が設置されています。LIXIL とピジョンに関しては、この後第 6 章で詳しくご紹介します。

　また、パーパス・ドリブン・経営は、第 2 章で詳しくご紹介していきます。

6. パーパスが必要とされる背景

　現在、パーパスの必要性に注目が集まっています。実際に、パーパスを策定している企業の従業員に向けて、弊社がパーパスに関する調査を実施したところ、「『なぜ自社が存在するのか？』という問いの答えになるもの（＝存在意義）を重要だと思いますか？」という問いに対して、約85％の人が「そう思う」（「とてもそう思う」と「少しそう思う」の合計）と回答しています。

Q:「なぜ自社が存在するのか？」という問いの答えになるもの（＝会社の存在意義）を重要だと思いますか？

41.5%	43.8%

■とてもそう思う　■少しそう思う　■どちらでもない
■あまりそう思わない　■全くそう思わない

出所：パーパスに係るアンケート調査　- パーパス策定企業に勤めるビジネスパーソンへの実態調査 - （2021 年 7 月／アイディール・リーダーズ）

　加えて、「あなたの会社の存在意義は、あなたがこの会社で働く理由にどの程度なっていますか？」の質問に対し、約60％の人が「理由になる」（「とても理由になる」＋「少し理由になる」の合計」）と回答しています。

Q：あなたの会社の存在意義は、あなたがこの会社で働く理由に
どの程度なっていますか？

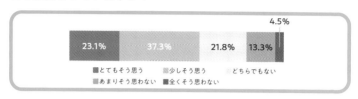

4.5%

23.1%	37.3%	21.8%	13.3%	

■とてもそう思う　■少しそう思う　■どちらでもない
■あまりそう思わない　■全くそう思わない

出所：パーパスに係るアンケート調査　- パーパス策定企業に勤めるビジネ
スパーソンへの実態調査 -（2021年7月／アイディール・リーダーズ）

　では、なぜ現在、パーパスの重要度が高まっているのでしょ
うか。パーパスが求められるようになった背景について、詳
しく説明しましょう。パーパスが必要とされる背景には、5
つの要因が挙げられます。

①ミレニアル世代が社会の中心に

　顧客も従業員も、これまでの世代とは異なる特徴を持つ「ミ
レニアル世代」が中心になりつつあります。ミレニアル世代
とは、1980年から1995年の間に生まれた世代と定義されて
います。つまり、2021年現在、20代中盤から40歳になるく
らいの世代ですが、2025年にはミレニアル世代の人口が生
産年齢人口の半分を占めるようになると予測されています。

　このミレニアル世代の人々の特徴の1つに、社会貢献こそ
重要だと考えていることがあげられます。ここで、日本のミ
レニアル世代の価値観がどのように形成されてきたかを振り
返りましょう。

ミレニアル世代は、バブル崩壊以後に青春期を過ごした世代であり、「いい大学を出て、いい会社に入れば一生安泰だ」という過去の価値観には基づいていません。

そして、ミレニアル世代が育った 2000 年代にはカタリバやフローレンス、かものはしプロジェクトといった NPO が登場します。これらの創業メンバーが資本主義の売上至上主義とは別の軸で社会によいことをしようと動き出し、それを仕事にした第一世代でしょう。その後、社会起業家のブームが起き、メディアでも NPO の特集が組まれるようになりました。

こうした流れができるまでは、新卒で卒業して NPO で働くという選択肢はありませんでした。「社会貢献は会社が休みの日にボランティアで行うもの」といわれる時代だったのです。

しかし、社会をよくすることが仕事になるようになったのです。「社会的によいことをすることがかっこいい」という価値観が広がってきたといえるでしょう。

事実、全世界 85 万人のミレニアル世代を対象とした調査では、仕事に対する動機付けの要因の 1 位は「Impact」でした。「Impact」とは、社会やコミュニティに対して貢献したいという思いです。一方で、「Money（金銭的な報酬）」や「Prestige（名声を得られるか）」の重要性を挙げる人は少ないという結果となりました。※9

さらに、ミレニアル世代の価値観の醸成の背景には、リー

マンショックや同時多発テロなど大きな社会の揺らぎもあります。この時期に高校・大学くらいの多感な時期を過ごし、さらに、2011年には東日本大震災が起こりました。社会の「当たり前は当たり前ではない」ということを体験しながら価値観を築いていった世代でもあるのです。

旧来の企業の価値観のままでは、ミレニアル世代の持つ思考と大きく乖離が生じる可能性があります。ミレニアル世代が、社員や顧客になっても選ばれる会社である必要があるのです。

②VUCAの世界

ミレニアル世代の仕事に対する動機付け要因

出所：ATD国際会議「Motivating Millennials: New Research into Unlocking Their Passions」より作成

「100年に1回の出来事」といわれるような災害や事件が10年に1回くらいのペースで起こっているのが近年の傾向です。VUCA（＝Volatility：変動性、Uncertainty：不確実性、Complexity：複雑性、Ambiguity：曖昧性　の頭文字を並べた言葉）の時代といわれていますが、予測不可能な時代にまさに突

入している感覚が強まっています。新型コロナウイルス感染症の世界的な蔓延も混沌とした状況に拍車をかけたといえるでしょう。

ここからいえることは、軸や基準を外に置いていても意味がないということです。自分（組織）から何が湧いてくるか、自分が何を大事にするかこそが、問われる時代になっているのです。

そのため、企業も「独自の価値」と「社会的意義」を含むパーパスを提示していくことが重要なのです。

③ダイバーシティの高まり

日本でダイバーシティというと女性活躍の文脈で語られがちです。しかし、本来はそれだけではありません。障がい者や外国人、シニアなど、多様な人たちが組織内で働くことを意味します。

従来は、同じような人たちがたくさん集まって効率的に大量生産をすることが求められてきました。しかし、現在は消費者のニーズが変わり、多様な商品・サービスが求められるようになりました。そうなると、企業も同じものを大量に作るビジネスモデルからの転換が求められるようになります。多様な人が働き、多様なニーズに応えていくことが重視されるのです。

多様な人たちが働く組織では、共通する目標が必ず必要になります。バックグラウンドが異なる人が働くには、求心力がないとバラバラになってしまうからです。先述の通り、ネ

スレやユニリーバといったグローバル企業ではパーパスを明確化しています。それには、多様な人材を束ねていきたいという狙いもあるのでしょう。

④人材流動性の高まり

かつての日本では、大企業に入れば、そのまま単線のキャリアで定年退職まで勤め上げるのが一般的でした。しかし、キャリアは多様化し、1つの会社に新卒で入社して定年まで働き続ける人はどんどん減ってきています。

人材の流動性が高まる中で大事なのは、組織へのエンゲージメントです。エンゲージメントを高めていく方法はいくつか考えられますが、その1つがパーパスを共有し、同じ目標に向かうことです。パーパスによる求心力がないと、エンゲージメントが下がり、離職につながるといったことも考えられるでしょう。

⑤SDGs（CSR→CSV→SDGs）の広がり

2016年に世界的な課題の解決としてSDGs（Sustainable Development Goals＝持続可能な開発目標）が掲げられました。そこで、2030年までに17の目標を達成することが求められたのです。この解決目標は企業にも大きな影響を与えています。

企業の社会活動の流れを振り返ると、2011年震災後にCSR（企業の社会的責任）の重要性が注目されるようになりました。企業統治や、人権、労働慣行、環境、公正な事業慣

行、消費者に関する課題、コミュニティおよび開発といった
ことが重視されるようになったのです。こうした流れにより、
少なくない企業が植林をしたり地域振興をしたりといった社
会貢献活動に目を向けるようになりました。

そこから、戦略的 CSR といった概念が登場し、その後、
CSV（共通価値の創造）に重きが置かれるようになります。
これは、企業が社会課題に挑むことで経済的価値も創造され
ることを意味します。つまり、企業の本業として社会課題に
取り組むようになったのです。

そして現在は、SDGs を達成することが企業に求められる
ようになりました。その中で、企業が取り組むべき課題を
ESG として定義しています。ESG とは、「Environment（環境）」
「Social（社会）」「Governance（企業統治）」の頭文字を取っ
た言葉です。SDGs という全世界の目標を達成する手段が
ESG といえます。企業はその中で、どの社会課題に取り組
んでもよいとされています。そこで選ぶ基準となるのが、そ
の組織の「らしさ」です。自社のパーパスに沿って選ぶこと
が求められるのです。

また、「ESG 投資」という言葉も広がりました。これまで
投資家は、企業の営業利益やキャッシュ・フローといった株
価指標・財務情報で投資の判断を下してきました。ESG 投
資とは、こういった財務情報に加えて、企業の ESG 活動へ
の評価や分析を基に投資を行うことです。ESG 投資は世界
的に拡大しており、企業の意識も高まっているのです。

①から⑤でお伝えした通り、企業を取り巻く外部環境が大きく変化しています。パーパスを軸とした経営戦略が、企業のゴーイングコンサーンや事業の成長の鍵を握る時代に突入しているのです。パーパスを推進することにより、戦略の一貫性、戦略浸透、戦略遂行のスピードが高まる効果が期待できます。そこで、第2章ではパーパスを軸にした経営、すなわち「パーパス・ドリブン・経営」について解説をしていきます。

第2章
パーパス・ドリブン・経営

1. パーパス・ドリブン・経営を実現するには

パーパス・ドリブン・経営とは、パーパスを起点としてイノベーティブで一貫した戦略立案や意思決定、社内外向け施策を実行することです。一言でいうと、パーパスを経営に実装するという意味です。

「実装」とは、全ての業務プロセスや機能がパーパスに基づいてなされることです。製造業なら、R&D、製造、マーケティング、営業、アフターサービスなど。コーポレート機能である人事、財務、法務などの部門もパーパスに基づいて業務が遂行されます。あらゆる領域でパーパスが実現されるのです。

弊社は、「人と社会を大切にする会社を増やします。」をパーパスとして掲げているので、顧客はもちろん従業員も大切にします。そして、その輪を広げていこうと考えています。これを実装するのが、パーパス・ドリブン・経営ですが、その手前には「発見」と「共鳴」があります。本章では、パーパス・

パーパス・ドリブン・経営のイメージ

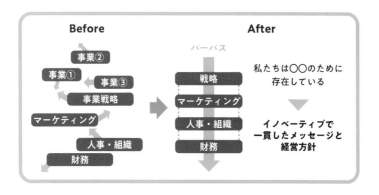

ドリブンに至るステップを追っていきます。

2. パーパス・ドリブン・経営が必要となるタイミング

　パーパス・ドリブン・経営の必要を感じ、スタートするタイミングは企業によって異なります。大企業がパーパス・ドリブン・経営に舵を切ることもあれば、スタートアップが創業時から開始することもあります。以下に代表的な7つの例をあげます。

・経営戦略、事業戦略の大きな方針転換時

　ビジネスを取り巻く外部環境が変化する中で、商品サービスのコモディティ化の進展や、ディスラプター（既存の業界の秩序やビジネスモデルを破壊するプレイヤー）の登場に

よって、経営戦略そのものや、事業戦略・事業のポートフォリオを見直す必要があるとき。

・社会課題解決への取り組み開始時

第1章でも述べた通り、社会課題の解決や、SDGs の達成が重要視されている中で、「自社の成長・企業価値向上」と「社会的な課題解決」の融合を目指して、新しい経営の方向性を打ち出そうと考えているとき。

・M&AやJV設立時

競合だった同一業界内の企業と M&A で統合する場合や、異業種の企業とジョイントベンチャー（JV）を、設立する場面で、この組織は何のために存在するのかを定義し、社内外に示す必要があるとき。

・危機・再生時

企業の危機といわれる状況（業績の悪化、不祥事等）や、企業再生といわれるフェーズにおいて、今後の企業の方向性を示したり、従業員の意識を統一したりする必要があるとき。

・社員のエンゲージメントの低下時

近年、多くの企業で組織運営において重視されている社員のエンゲージメント（＝従業員の会社に対する愛着心や思い入れ、この会社で働き続けたいと思う気持ち）の調査スコアが悪化したり、退職者数が増加したとき。また、採用におけ

る競争力の低下が見えたとき。

・新 CEO・経営陣の就任時

　新しく CEO や経営メンバーが就任するタイミングで、トップとして大切にしていることを言語化し、今後の経営の方向性や軸を提示したいと考えているとき。

・創立後の周年タイミング

　10 周年、30 周年、50 周年といったタイミングで、これまでの自社の歴史を振り返り、未来に向けて強み・独自性を言語化したいとき。

　自社にこういった状況が訪れたときに、パーパス・ドリブン・経営を始めるタイミングといえるでしょう。

3. パーパス・ドリブン・経営の3つの ステップ（発見→共鳴→実装）

　パーパス・ドリブン・経営は、「発見」「共鳴」「実装」のステップで具現化します。それぞれのステップを見ていきましょう。

パーパス・ドリブン・経営の 3 つのステップ

①発見

　パーパスの話題になると、「どうつくればよいですか？」という話になりがちです。しかし、パーパスは作成するものではなく、「発見」するものだと筆者は考えています。最近は、パーパスに注目が集まっていますから、コピーライティングの手法を使って新規に作成するケースをよく目にします。しかし、本来パーパスはすでに社員が体現しているものや、自社に根付いてるものです。ゼロからつくりあげるのではなく、「そこにあるものに気づく」という「発見」が大事なのです。

　また、パーパスをつくることで売上を伸ばそうとおっしゃる経営者の方がいらっしゃいます。しかし、パーパスは手段ではなく、目的として考えなければいけません。パーパスを目的にしていなければ、パーパス・ドリブン・経営は果たせません。パーパスは日本語訳をすると「目的」なので、当た

り前といえば当たり前なのですが、それが果たせていない企業は思いの外多いのです。

　パーパスを手段として使ってしまうと、従業員にも顧客にも見透かされてしまいます。いっていることと行動が合致していないので矛盾が生じてしまうのです。そうなれば、企業は信頼を失ってしまいます。「パーパスブランディング」といった言葉も広がっていますが、内実が伴っていない状態で、"ウケそうな"パーパスを設定するのは諸刃の剣です。

　「発見」するにはどうしたらよいかというと、社史を紐解いたり社内の従業員にアンケートを取ったりします。そこで、どのような思いが出てくるか、組織の中に埋れている信念を「再発見」するプロセスを踏みます。

　このように、これまで会社の軸としてあった思いをパーパスとすることが大切なのです。

②共鳴

　発見の次のステップが「共鳴」です。パーパスに触れたときに、社員の心が動くということです。共鳴できると、「自分たちはこのために仕事しているのだ」と、社員のモチベーションが上がります。

　似た言葉に「共感」がありますが、その言葉では弱いと感じています。「ふーん」「いいんじゃない？」程度の響き方では、次のフェーズの「実装」にはつながりません。また、このプロセスを「浸透」という企業も多くありますが、浸透という言葉はトップダウンで隅々まで染み込ませていくような

イメージとなり、無意識に嫌う社員の方も多くいるといわれています。

　大事なことは、心が動くことです。共鳴は他人と考えや感情が響き合い、触発し合い、同じ考えを持つようになることをいいます。

　社員をインスパイアし、エンゲージメントも高めるようなパーパスは共鳴を生んでいるといえるでしょう。少し抽象的な言い方をすると、「ワクワクする感覚」が大事なのです。例えば、経営者がワクワクしていると、それが伝播して、社員にもワクワクが広がります。さらにいうと、ワクワクすると、静的な納得感だけでなく、動的な「その実現に向けてつい行動してしまう」ような感覚にもつながります。それが、次のステップである「実装」へとつながっていくのです。

③実装

　最後のステップが「実装」です。これは、経営メンバーや社員がパーパスに基づいて日々の仕事を行っている状態です。これには2つの段階があります。最初の段階は、経営者や上司の指示のもと、社員がパーパスについて考え、行動を行うこと。次の段階は、経営者や上司にいわれなくても、社員が自主的にパーパスに基づいて考えたり行動し、商品を開発したりできるようになることです。もちろん、この自主的な段階に至るのは容易ではありません。実装させるには、それを実現するための仕組みが必要なのです。

ここでは、発見→共鳴→実装の例として LIXIL の例を紹介しましょう。LIXIL はパーパスに「世界中の誰もが願う、豊かで快適な住まいの実現」を掲げています。この思いは、実はずっと LIXIL の会社の中にあり続けたものです。従業員一人ひとりは、「どうしたら快適なトイレになるか」や「居心地のよいお風呂とはどんなものか」といったことを考えています。その従業員のあり方を、パーパスでそのまま表現しています。

　さらにいうと、世界の中では家の中にトイレがない地域がたくさんあります。その課題解決のために、手軽に安価に設置できるトイレを世界の国々に作っていくプロジェクトが動き始めています（LIXIL の事例については、第 6 章で詳しく述べます）。

4. パーパス・ドリブン・経営の困難性

　パーパス・ドリブン・経営を実施するステップは、「発見」「共鳴」「実装」とお伝えしました。

　しかし、この実現には大きく 3 つの「壁」があります。1 つは、「発見」と「共鳴」の間に立ちはだかる壁です。もう 1 つは、「共鳴」と「実装」の間にある壁です。

　さらに、「発見」「共鳴」ができたと思っていても、それは表層的であることがほとんどです。「実装」することで、深く「共鳴」をすることができる。つまり、「共鳴」「実装」のサイクルを回していくことが重要であり、そのサイクルがうまく回らないという「壁」も存在するのです。

① 「発見」と「共鳴」の壁

　経営陣でパーパスをつくると決めて、トップダウンで社員に伝えていくと、共鳴する可能性が低くなり、大きな壁が立ちはだかるようになります。例えば、「自社のパーパスはこれです」と社長挨拶で述べて、対外的にホームページなどで伝えるといったことはよくあります。他にも、社員を集めてパーパスについてひたすら話をするという取り組みもよくなされています。

　こうした取り組みで理解や納得は得られますが、実装したいと思えるような共鳴には至りません。「よいことをいっているけれど……」という感覚で、自分事にはならないのです。

　これは調査にもその一端が現れています。「自社の存在意

義（パーパス）に何かしらの違和感やもやもやを感じている人の割合」は 66.0％ となっています。

　そのもやもやの正体はどういったものなのでしょう。「あなたは会社の存在意義（パーパス）にどんな違和感やもやもやを感じますか？」という問いに対して、「表現が一般的過ぎてどの会社の存在意義にも当てはまる」「ワクワクを感じない」と回答する方が多かったです。つまり、「発見」から「共鳴」の壁を突破するには、「自社ならではの独自性」と「ワクワク感」が必要であることがわかりました。

自社の存在意義（パーパス）に何かしらの違和感やもやもやを感じている人の割合

累計回答数：867（複数回答可）

66.0％

出所：パーパスに係るアンケート調査　- パーパス策定企業に勤めるビジネスパーソンへの実態調査 -（2021 年 7 月／アイディール・リーダーズ）

Q：あなたは会社の存在意義（パーパス）にどんな違和感やもやもやを感じますか？

累計回答数：1,147（複数回答可）

表現が一般的過ぎて どの会社の存在意義にも当てはまる	197
ワクワクを感じない	194
ビジョン・ミッション・バリューなど 他の理念との違い・位置づけが分からない	170
存在意義に沿った経営がされていないと感じる	170
自社らしさを感じない	126
その他	10

出所：パーパスに係るアンケート調査 – パーパス策定企業に勤めるビジネスパーソンへの実態調査 –（2021年7月／アイディール・リーダーズ）

②「共鳴」と「実装」の壁

　共鳴を生み出せた後で課題となるのは実装の段階です。企業の中で、「売上が上がるけれど社会のためにはならない商品は売らない」といった決断ができるでしょうか。例えば、「ニーズはあるけれど、アルコール中毒が増える危険性があるので度数が高いアルコールは売らない」「一部の人が借金を背負うほど、ゲームをしてしまうことがあるため、課金を制限する」といった経営判断ができるかどうかが重要になります。社会貢献を目指すパーパスを作ったとしても、それを実現していくことは簡単ではないのです。

　この壁を越えるには、仕組みをつくる必要があります。例えば、ミーティングなどで、戦略や方針がパーパスに則っているか確認するプロセスを挟む。また、新しい企画を承認す

る際に5つのチェック項目を設け、その3つ以上の項目がパーパスに基づいているかを確認するといった方法が考えられるでしょう。

5. パーパス・ドリブン・経営に期待される効果

　続いて、パーパス・ドリブン・経営に期待できる効果についてご紹介します。パーパス・ドリブン・経営では以下の7つの効果が期待できます。

①パーパスに共鳴する人材のエンゲージメント
②イノベーションの創出
③パーパスに共感するファンの獲得
④社会課題面でのインパクト創出
⑤自律型人材の育成
⑥経営に求められる一貫性、スピード感の高まり
⑦多様性をつなげる組織の一体感の醸成

①パーパスに共鳴する人材のエンゲージメント

　パーパス・ドリブン・経営を行うことで、従業員のエンゲージメントを高めることができます。パーパスと共鳴し、実装することで、「この組織で働いていたい」という思いを強めるのです。

　実際に、弊社で実施した調査でもそれを裏づける結果が出ています。「自分の価値観や存在意義（パーパス）と自社の存在意義（パーパス）がどの程度重なっていると感じます

か?」という質問に対して、「かなり感じる」と回答した人は全体の 19% 程度でしたが、そのうち、「会社のパーパスが当社で働く理由になっている」と回答した人は約 80% にも上ったのです。つまり、自分のパーパスと会社のパーパスを重ねることができれば、エンゲージメントにおいて大きなプラスの効果を生むことが期待できるのです。

Q:自分の価値観や存在意義(パーパス)と自社の存在意義(パーパス)がどの程度重なっていると感じますか?」について「かなり感じる」と回答した人のうち、「あなたの会社の存在意義(パーパス)は、あなたがこの会社で働く理由にどの程度なっていますか?」についての回答

5.1%

79.6%	15.3%	

■ 1. とても理由になる　■ 2. 少し理由になる　▨ 3. どちらでもない～ 5. まったく理由にならない

質問①:Q:自分の価値観や存在意識(パーパス)と自社の存在意識(パーパス)がどの程度重なっていると感じますか?
回答①:「かなり感じる」:157 名 /824 名

質問②:Q:あなたの会社の存在意識(パーパス)は、あなたがこの会社で働く理由にどの程度なっていますか?
回答②:上述の通り

出所:パーパスに係るアンケート調査 - パーパス策定企業に勤めるビジネスパーソンへの実態調査 - (2021 年 7 月/アイディール・リーダーズ)

②イノベーションの創出

パーパス・ドリブン・経営を行うと、イノベーションが創

パーパスが明確で理解されている企業はイノベーションや変化を生み出している

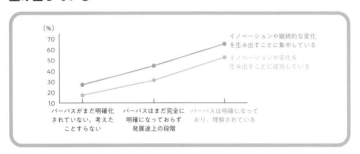

パーパスが明確で理解されている企業はイノベーションを起こす主導権を握っている

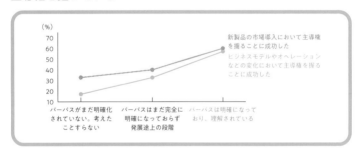

上記 2 点 出所：A HARVARD BUSINESS REVIEW ANALYTIC SERVICES REPORT "THE BUSINESS CASE FOR PURPOSE", Harvard Business School Publishing
世界の経営者 474 人のうち、Purpose が明文化されている、もしくは暗黙的に存在していると回答した 431 人への質問結果より抜粋

出されます。これは「適応型のパフォーマンス」といえます。これは、楽しさや自分が可能性を感じるものに対してのパフォーマンスが高まるという意味です。

　一方で、目の前の業務の効率化やいわれた通りにきちんと

実行するなどは、心理的プレッシャーや外発的動機づけの方が効果があることがわかっています。

　適応型のパフォーマンスとは、組織市民行動といわれる役割外の行動や、アサインされていない新しいチャレンジなどを包含する概念です。主体的な業務が生み出されることは、企業にとって大きなメリットであるといえるでしょう。

　左のグラフの通り、「パーパスが明確化されていない、考えたことすらない」企業と、「パーパスは明確になっており、理解されている」企業とでは、パフォーマンスに大きな差が出ていることがわかります。パーパス・ドリブン・経営がなされることで、「イノベーションや継続的な変化を生み出すことに集中している」「イノベーションや変化を生み出すことに成功している」ということがわかりました。

　さらに、「パーパスが明確化されていない、考えたことすらない」企業と、「パーパスは明確になっており、理解されている」企業とを比較すると、「新商品の市場導入において主導権を握ることに成功した」「ビジネスモデルやオペレーションなどの変化において主導権を握ることに成功した」といった違いも出ることがわかりました。

③パーパスに共感するファンの獲得

　近年のパーパスブームの発端は、欧米企業がブランディングやマーケティングの文脈でパーパスを使い始めたことであるといわれています。しかし、「パーパスブランディング」はパーパスを手段として捉えていることが多く、本質にまで

なっていないケースが多いです。例えば、「同じ品質の商品をつくっていても、パーパスでブランディングすれば1〜2割高く売れる」といったことがいわれることがあります。しかし、パーパスだけがあって、実装がなされていなければ、結局顧客は離れていきます。

　最近は、「物を選んで買う」時代になっています。購買行動が、企業に対する投票活動になっているといえます。購入という行動で、ファンであることの表明や信頼、応援の気持ちなどを伝えるのです。

　パーパス・ドリブン・経営は、社会的価値が高い物を選んで買う顧客が増えている現代社会で求められている経営なのです。

④社会課題面でのインパクト創出

　③と重なりますが、社会課題解決をパーパスとして実装する企業は、社会へのインパクトを創出します。例えば、シューズブランドTOMS（トムス）は、靴が一足売れるたびに、世界の子どもたちに新しい靴を送る仕組みをつくっています。それは、創業者が世界中を旅行している時に、満足に靴を持つことができない環境の子どもたちと出会い、「靴を必要としている子どもたちに、一足でも多く届けたい」という思いから行なっている事業です。創業者の思いが会社のパーパスとなり、実装されています。※10

　三菱UFJフィナンシャル・グループ（以下、MUFG）は、

2021 年 4 月に「世界が進むチカラになる。」というパーパスを発表しました。この発表と合わせて、パーパスを起点に、世の中からの期待と、MUFG の事業領域との親和性の両面から優先課題の見直しを実施し、優先的に取り組む 10 課題を以下のように特定しました。

①「少子・高齢化社会への対応」、②「気候変動対応・環境保全」、③「インクルージョン＆ダイバーシティ」、④「社会インフラ整備」、⑤「産業育成・イノベーション支援」、⑥「金融サービスへの平等なアクセス確保」、⑦「健康への驚異の克服」、⑧「働き方改革の推進」、⑨「貧困問題への対応」、⑩「教育格差の是正」

これは環境・社会課題解決と経営戦略を一体のものと捉え、企業活動を通して社会課題の解決を図る素晴らしい例です。

三菱 UFF フィナンシャル・グループ　サステナビリティ経営の高度化について

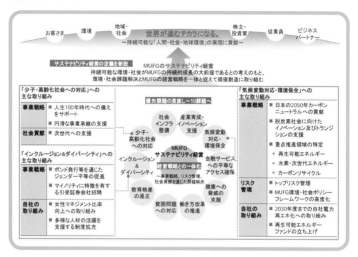

出所：株式会社三菱 UFJ フィナンシャルグループ　プレスリリース
https://www.mufg.jp/dam/pressrelease/2021/pdf/news-20210401-001_ja.pdf

こうした企業が、パーパス・ドリブン・経営を続けることで、社会課題解決へのインパクトを与えることができるのです。

⑤自律型人材の育成

近年、「自律型人材を育成したい」という声を、人事の方から多くいただきます。自立型人材とは、自ら考え、判断し、行動して、業務を主体的に遂行していける人材のことです。

自律型人材に共通するのは「自分の仕事の意義を見出して

おり、高いモチベーションを持って働いている」ということです。そして、自分の仕事の意義を見出すために重要なのは、組織のパーパスと個人のパーパスの重なりを見い出すことなのです（詳しくは第4章で述べます）。

　仕事の意義を見出し、モチベーションが高い状態で働くと、様々なアイデアを思いつきます。それらを実行に移すと、成功や失敗という結果が見えます。成功したアイデアはよりブラッシュアップし、逆に失敗したアイデアは軌道修正をしていく。これらのプロセスを楽しみながら進めることで、結果として成果を残すことができるというわけです。

⑥経営に求められる一貫性、スピード感の高まり

　パーパスがあることで、経営陣が自分がやりたいことを社内外に共有しやすくなります。そのため、共鳴している／していない、が明確化します。パーパスがある方が、より方向性を同じくする人たちが集まり、一貫性を発揮できるようになります。「こういうパーパスだから、この事業はやりません」「こういうパーパスなので、あなたの評価は低いです」「こういうパーパスのため、こうした取引はしません」といったネガティブな意思決定もパーパスに基づいて下していくことができます。判断に一貫性が出て、スピード感が出るのです。

⑦多様性をつなげる組織の一体感の醸成

　多様な人たちが同じ組織で働くには、パーパスという求心力が必要です。共通する目標や軸があれば、様々なバックグ

ラウンドがある人も一体感を持って働くことができます。今後、労働人口が減る中で、外国人やシニアの雇用などは欠かせない視点となります。その意味で、パーパス・ドリブン・経営は大きな期待が寄せられているのです。

6. パーパス・ドリブン・経営が組織を進化させる

①ティール組織とパーパス

　ここまで、パーパス・ドリブン・経営で組織が変わるプロセスを説明してきましたが、そもそも、「成長」や「進化」とは何でしょうか?

　組織も成長し、進化します。ただサイズが大きくなるだけではありません。組織の進化を5つの段階を示したのが、フレデリック・ラルーです(フレデリック・ラルー著『ティール組織』、英治出版)。理想的な組織のあり方として注目を浴びているティール組織。実はティール組織への進化に、パーパスは必須のものなのです。

　次世代の組織のあり方を示したフレデリックは2019年に来日し、筆者(永井)も彼が主催した泊まりがけの合宿にも参加しました。また、フレデリックが来日した際に行ったティール・ジャーニー・キャンパスというカンファレンスにおいて、筆者(永井)は分科会の登壇者として自分のパーパスを発見するというワークショップを行っています。

筆者にとっても組織の進化は最大の関心事です。日本における ティール組織の第一人者である嘉村賢州氏（書籍『ティール組織』の解説者）や吉原史郎氏（『実務でつかむ！ティール組織』大和出版、著者）とともに 2017 年 4 月にはギリシャのロードス島に渡り、ティール組織の実践家が集まり、探求するイベント「Next Stage World」に参加したこともあります。こうして自分なりに学んだことを、自社の経営において実践するように心がけています。

本節では、嘉村賢州氏との対話を通じて学んだことを共有します。社命でパーパスをあと数ヶ月で策定しなくてはならないというような読者にとっては、少々哲学的な議論にみえるかもしれませんので、本節は飛ばしていただいても構いません。逆に、腰を据えてパーパス経営を実践しようとしている読者には是非お付き合いいただきたいと思います。さらにご関心がある読者は筆者（永井）と嘉村氏が対談した記事をご覧ください（Biz/Zine、「嘉村賢州氏に聞く、『ティール組織』の発想を活かしたパーパス策定」、2020/09/21）。またティール組織に関する概略を理解するには「実務につなげる経営の新潮流 No.1 ティール組織とは？ 3 つのエッセンスの基本を実務的に丁寧に解説！」（吉原史郎、https://nol-blog. com/what_is_teal_organization/）がおすすめです。

②ティール組織の5つの発達段階

ティール組織は、以下の 5 つの発達段階 で説明されます。

ティール：「生命体」、メンバー全員が共鳴しながら「存在目的（エボリューショナリー・パーパス）」を実現する

グリーン：「家族」個人の主体性が発揮され、個人の多様性が尊重される

オレンジ：「機械」科学的マネジメントにより、メンバーが機械のように動く

アンバー：「軍隊」厳格な社会的階級に基づくヒエラルキーにメンバーが従う

レッド：「狼の群れ」特定の個人の力によって支配される

日本の企業（特に大企業）はオレンジの段階で、メンバーが定められた範囲で生産的に行動することが求められます。最大限の成果を出すこと、イノベーションを生み出すことを求められますが、あくまでも定められた範囲があります。自動車をつくっている会社であれば、画期的なレシピサイトを発明した社員を賞賛することはなく、限定的な活動しかしないという意味で「機械」のような組織です。

オレンジの組織は科学的なマネジメントによりゴールを達成しようとします。階層構造はありますが、身分制度のように固定的ではなく、能力によって昇進することも可能です。

また、オレンジの組織では、企業の方向性は経営層が考えます。合理的な組織運営を追求した結果、組織が集まっている目的が業績に傾きすぎる傾向があり、社員にとっての目的

ティールに至る組織の発達段階

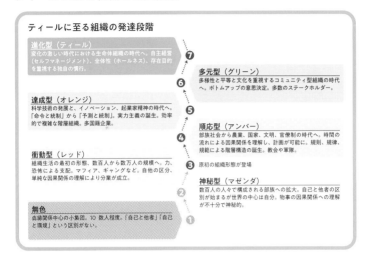

ティールに至る組織の発達段階

進化型（ティール）
変化の激しい時代における生命体組織の時代へ。自主経営（セルフマネジメント）、全体性（ホールネス）、存在目的を重視する独自の慣行。

多元型（グリーン）
多様性と平等と文化を重視するコミュニティ型組織の時代へ。ボトムアップの意思決定。多数のステークホルダー。

達成型（オレンジ）
科学技術の発展と、イノベーション、起業家精神の時代へ。「命令と統制」から「予測と統制」。実力主義の誕生。効率的で複雑な階層組織。多国籍企業。

順応型（アンバー）
部族社会から農業、国家、文明、官僚制の時代へ。時間の流れによる因果関係を理解し、計画が可能に。規則、規律、規範による階層構造の誕生。教会や軍隊。

原初の組織形態が登場

衝動型（レッド）
組織生活の最初の形態、数百人から数万人の規模へ。力、恐怖による支配。マフィア、ギャングなど。自他の区分、単純な因果関係の理解により分業が成立。

神秘型（マゼンタ）
数百人の人々で構成される部族への拡大。自己と他者の区別が始まるが世界の中心は自分。物事の因果関係への理解が不十分で神秘的。

無色
血縁関係中心の小集団。10 数人程度。「自己と他者」「自己と環境」という区別がない。

出所：フレデリック・ラルー（著）、嘉村賢州・鈴木立哉（翻訳）『ティール組織—マネジメントの常識を覆す次世代型組織の出現—』日本語版付録（英治出版）

が社内で高評価を得ることに重きを置かれます。元々企業というものは「社会の公器」で、社会的価値にもたらすものであるはずなのに、そうした目的が失われているのは、効率を過度に追求するオレンジ組織の副作用（科学的マネジメントの弊害）でもあります。

　グリーンの組織は、経済合理性の追求のみならず、社員一人の価値を大切にしようというスタンスです。「組織は元々良い能力やアイデアを持っている人に溢れているのだから、

階層に囚われず、意見を出し合って、みんなで成果を出そう！」というスタンスです。そのため、価値観に基づいた企業文化が重要視され、権限委譲が行われたり、人間関係が大事にされたりします。社員はやりがいを持ちやすいですし、みんなで知恵を出し合い、オープンイノベーションで外部の視点を取り入れてビジネスモデルをつくっていくので、社会的使命も達成できるようになります。

　最近「いい会社」といわれるのは、業績や株価が良いだけではなく、社員のウェルビーイング（幸福）、エンゲージメント、モチベーション、健康経営度が高い会社です。いわゆる最近の「いい会社」はグリーン組織の要素が多いといえます。

　一方、グリーン組織は「グリーンの罠」といわれる課題を内包します。「グリーンの罠」とは、「船頭多くして船山に登る」状態です。全員の意見を尊重するあまり、行政がつくったような総花的な方針、いいとこどりをしているが実現性の低い計画、合議制の結果「責任回避」が起こる状態です。全員の意見を取り込もうとすると、決定に時間がかかり、とがってもいない中庸なアイデアやアウトプットばかりとなります。また、合議で決めたことなので、誰も責任をとらなくなってしまいます。

　筆者の考察では、日本の多くの大企業は、新入社員として入社して、何十年と同じ組織で業務に携わる社員の集合体であるため、グリーン組織の特徴である家族的要素を持っています。合議制、全会一致のルールで経営が行われることが多

く、意思決定に時間がかかり、かつ中庸なアウトプットになるのはグリーン組織の特徴です。この日本企業の状態は国民文化的にも説明することができます。ご関心のある方は日本企業の衰退のメカニズムを明晰に解説する小城武彦氏の『衰退の法則』（東洋経済新報社）をご覧ください。

③ティール組織の特徴

さて、ティール組織は社長、マネージャーからの指示命令系統はなく、組織の存在目的を実現するために、メンバー全員が信頼関係と主体性に基づき、独自のルールや仕組みを工夫しながら組織運営を行います。

ティール組織の特徴は以下の3つです。

1. 存在目的（エボリューショナリー・パーパス）
2. 自主経営（セルフマネジメント）
3. 全体性（ホールネス）

2つ目の自主経営に関しては、グリーンの組織でも権限委譲が進んでいますが、指示命令系統そのものがないレベルがティール組織です。3つ目に関しては、"生命体"として個がありのままで伸びやかに活動することが、そのまま組織での仕事になっていくという状態です。ティール組織を一言で表すと"生命体"です。"生命体"として個人がありのままで伸びやかに活動することが、そのまま組織での仕事になっています。それはあたかも様々な生命体があふれる森のようなイメージです。もちろん、植物だけではなく動物も含むイメージです。躍動する生命のように動的でいきいきとした会

社を目指すのがティールなのです。森というより（環境破壊が進む以前の）地球と表現した方が正しいかもしれません。

　ティール組織というと、自主経営のニュアンスがフィーチャーされることが多いです。フレデリックも話していますが、ティール組織の話をすると「マネジメント不要、ルール不要なのに、社員が生き生きとイノベーションを起こしちゃうってすごい！」という反応が多いそうです。フレデリックはグリーンとの違いは1と3、さらに一番重要なのは1つ目の「存在目的（エボリューショナリー・パーパス）」だと強調しています（だから一番に挙げています）。

　「いい会社」を超えて、個人がオーナーシップを持ち、組織体として共通の目的に向かって進むティール組織は生命主義、人間中心主義の理想な組織と考える方も多いと思います。しかしながら簡単に到達できるとはフレデリックは思っていません。狭義のティール組織は、社員が主要な株主としてオーナーシップを持っていなければ成り立ちません。

　以下、具体的にティール組織の特徴を見ていきましょう。

1　ティールでは人ではなくパーパスが最大の意思決定権者

　まず大前提として、ティール組織においては上下関係という階層構造がないので、指示を出す上司役の人はいません。代わりにパーパスにそって各自が発想し、行動します。人にあれこれ問い合わせる必要はなくなり、パーパスに照らし合わせて動けばいいので、上司に承認をもらうことも、みんな

で合意形成するというプロセスはありません。森の中で各生物は相談して生活していませんが、エコシステムにより美しく維持されているのと同じです。パーパスが共有されていれば基本的に自分で決めて動くことができ自主経営が成り立ちます。上司が人からパーパスに変わるというのがティールの前提となるパラダイムシフトです。

2 フレデリックが危惧する誤ったパーパスの運用

昨今のパーパスブームをフレデリックは批判的に捉えています。その理由は2つあります。1つ目の理由は誤った目的の設定。2つ目の理由は目的の手段化です。

1つ目はせっかく素敵なパーパスを策定しても、多くの組織にとって最大の関心事が組織の成長や生存になっているというのがフレデリックの問題意識です。より成長するためにどうすべきか、どうやったらこの厳しい環境の中で生き残るか、ということが日々の判断基準になっているのであれば、この世界でそもそも何を表現したいのか、何を生み出したいのかということを考え、実践する余裕がありません。実は本当の目的が成長や存続であり、パーパスで語られている生みだしたい価値や世界は二の次になっている組織が多く、まずはそこをなんとかするべきだという問題意識です。パーパス経営を実践するのなら、パーパスと利益と相反したら、迷わずパーパスを選ぶ覚悟が必要になるということです。

もし読者が「この厳しい環境の中、成長する／生き残るためにどうしたら良いのか？」というきっかけでパーパスにつ

いて学ぼうというのであれば、実はスタートからおかしいということになります。「本来自分たちが集まっている意味が見つかるかもしれない」、「本来の仕事の喜びを取り戻せるかもしれない」という想いに答えるのがティール組織におけるパーパスなのです。

2つ目の理由はパーパス（目的）が手段化されているということです。パーパスは目的ですので、手段ではないはずですが、実際はパーパスが何かの手段になっていることも散見されます。

パーパスの「用途」としてよくあるのは、ブランディング、採用、エンゲージメントです。結局、格好いい目的をつくることによって、格好いいキャッチコピーをつくって、それをいったらもっと売れるとか、それを掲げると人が集まってくるとか、社員の結束を高めようとか、考えることは目的を道具として使っていることでオレンジ組織の科学的マネジメントのバージョンアップに過ぎません。

本書でも前の節で「パーパス・ドリブン・経営に期待される効果」を説明しています。これはあくまでもパーパス経営の効果であり、目的ではありません。

3 エボリューショナリー・パーパスとは文言ではなく「問い続ける」という状態

フレデリックが考えるパーパスは固定的なものではありません。ティール組織は生命体ですから、元々パーパスを持っているという前提があります。そしてパーパスを何か1つの

ものに限定することも好ましいと考えていません。活動内容が限定されてしまうからです。※11

　私たちの人生に例えて考えてみましょう。ある時点でパーパスを決めて、それ以外はやらないと決めてしまうのはもったいないという考えです。人生において、様々な人と出会ったり、様々な体験を通じて、新たなパーパスを得て、活躍し、貢献する可能性があるのに、その可能性を排除しないでほしいということです。フレデリック本人も、大手コンサルティング会社で活躍していたのに退職し、働く人々を支援するためにコーチになり、それも辞めて組織の研究を始め、ティール組織のコンセプトをつくりました。彼は「今後は組織の研究を減らし、環境問題に取り組みたい」と話していました。フレデリック自身のパーパスも変遷しているのです。

　ティール組織であれば、あらかじめパーパスを規定するのではなくて、自主経営でどんどん動いて、すばやく結果を持ち帰って、気づき、学びを共有していくうちに、10年20年を経て、「私たちはこのために集まってきたんだ」と後で気づくものがパーパスです。実際はなんらかのパーパスを規定しないと、人々が集まって、なんのビジネスをするかも規定できないので、パーパスをゆるやかに規定しないわけにはいきません。でも、それはあくまでも「仮のパーパス」ぐらいの位置づけです。今以上に輝かしいパーパスが訪れてくる可能性を排除するのはもったいないからです。

　また、パーパスは活動の可否を判断する基準でもないとフ

レデリックは考えています。ティール組織として有名な
ビュートゾルフはオランダの「在宅介護支援」を中心に行う
非営利団体で、2020年現在では1万人以上の介護士が活躍
する巨大組織です。※12

　まさに自主経営を行なっており、マネージャーが存在しな
い約1,000のチームがそれぞれで意思決定を行っています。
そして、ビュートゾルフはパーパスを掲げていません。

　あるチームが、高齢者が怪我をすると通常の生活になかな
か戻れないという状況をなんとかしたいと思い、それまで
ビュートゾルフで取り組んでいなかった、怪我の予防プログ
ラムの開発を理学療法士とスタートしました。通常の組織で
あれば、経営陣に否定されるかもしれませんが、勝手にスター
トし、大成功しました。すると他のチームも、自分たちは今
まで高齢者や障害者が「困ったら助ける」というのが当たり
前だったが、実は困る前にもやれる組織なんだと気づきます。
そして、さらに別のチームはまた違う実験的取り組みを始め
ます。こうして勝手に事業領域が広がったり、推移したりし
ていくのがエボリューショナリー・パーパスのあり方です。

　筆者もパーパス・ドリブン・経営においては、パーパスに
よって何かを制限するようなことを推奨しません。フレデ
リックがいうエボリューショナリー・パーパスと全く同じだ
と思っていませんが、筆者もパーパスは動的でメンバーをイ
ンスパイアし、創造力を解き放つものだと考えています。

　フレデリックは、パーパスは「降ってくるもの」であり、

さらに常に新しいパーパスが降ってくる可能性があると考えています。そのため一人ひとりが現場で自分たちの存在目的を問い続けているということが重要です。パーパスはできあがった文言自体ではなく、その文言がメンバーに対して「問い続けている状態」を保つことがエボリューショナリー・パーパスを通じてティール組織が表現したかったことなのです。筆者はパーパスであれ経営理念、ビジョンであれ、何かしらの理想に向かって「何か」を掲げ、それに向かって努力することがパーパス・ドリブン・経営だと思っています。

　日産が現在のパーパスを策定したきっかけは、現場のミドルマネージャーたちが不祥事の最中に「このままでは日産は世の中から必要とされなくなってしまう！」と危機感を覚え、「日産の存在意義」を考えなおしたことです。これはまさにティール組織におけるエボリューショナリー・パーパスの例です。

4　パーパスの発見プロセスは「熱源探し」と「全メンバーの考えのアウフヘーベン」

　パーパスの発見プロセスにおいて、社会のトレンドを踏まえて、自社の競争優位性が発揮できて、ステークホルダーの納得を得れるようなものをつくろうとしたら、それはオレンジ組織のアプローチです。エボリューショナリーなパーパスにはなりません。もちろんイノベーションも起きません。

　そういう意味で、パーパスの発見とは、「正解探し」ではなくて「熱源探し」です。熱源探しには２通りあります。１

つ目は、最も熱い思いを持っている人の人生や価値観を探ることです。一体その人の人生から何が生まれようとしているのかを探求することです。創業者であればわかりやすいですが、いわゆるサラリーマン社長であっても、会社や事業への愛情を探っていくと何かしらのものがあります。筆者は社長に対してエグゼクティブコーチングも提供していますが、どんなに物静かな社長でもご自身や自社の存在意義を持っておられます。

2つ目のアプローチは、組織の歴史に目を向けます。過去の歴史の中で一番熱量高く組織として活動していた経験があるはずです。組織としての感情的な熱量の高い期間のエピソードを思い出していくと、自社という生命体から何が生まれようとしているのかを感じ取ることができます。こうして「熱源探し」を丁寧に行えば、唯一無二のパーパスの発見につながります。

また時間をかけた対話も必須です。パーパスの策定は、本来自分たちの組織からこの世に生まれるべきものは何なのかという問いにしっかりと耳をすますというプロセスです。そのため、できれば全メンバーが関わることが理想です。実際には一部のメンバーだけが関わることになりますが、お互いの思惑を調整して1つの文言に決めるというより、多様な立場で本来生まれてくるべきものに耳をすますというのがティール組織でのパーパスの発見方法です。筆者は、個人のパーパスを発見し、個人のパーパスと企業のパーパスが重ね

あわせるプロセスを提案しています。これは全メンバーが生命体としての組織が生み出そうとしているエボリューショナリー・パーパスを見出そうと試みているのです。

　それにはどうしても時間をかけて丁寧に対話を繰り返す必要があります。対話を繰り返し、全メンバーの想いがアウフヘーベン（対立する2つの考え方をかけ合わせて統合し、1つの解として昇華させる過程。弁証法の考え方の1つ）されるとメンバーを触発するパーパスが発見されます。パーパスは策定されるのではなく、まさに「発見」されるのです。

　ありがちなパーパス発見のプロセスでは「熱源探し」や「全メンバーの想いのアウフヘーベン」というニュアンスは少ないように見えます。例えば、検討プロセスを通じて、「子どもたちのクリエイティビティを触発し、豊かな社会に貢献しよう！」というようなパーパスの案ができたとしましょう。すると、「弊社の商品は子ども以外も買っている」「クリエイティビティを高める商品の開発は難しい」「クリエイティビティが高まったことをどう測るか？」等々の意見や疑問が出てきます。それらに逐一答えているうちに、角が取れて丸くなっていきます。最終的には抽象度を高めて合意形成することになり、コピーライターに抽象度の高いおしゃれな文言を考えてもらう。このように完成したものは関わった人たちの最大公約数ではありますが、誰の感情も盛り込まれていないものになってしまうのです。

5　組織の進化

　多くの企業はオレンジ段階の組織です。科学的マネジメントにより働く一人ひとりのメンバーの主体性を壊してしまったのがオレンジの組織です。そのため、メンバーが現場でせっかく気づいた改善策や新しいビジネスの機会を、経営の方向性と違うということで、認められないことがよく起こります。そうして、組織の方向性は経営層が考える、現場は計画通りに実行すれば良いという文化が出来上がります。

　こうした状況の中でも、パーパスを発見、共鳴するプロセスを通じて、メンバーが自社や自分の存在意義を考えることにより、様々な変化を起こすことができます。筆者が唱えるパーパスは社会的価値を含むべきだというのも、利益のみを追求しがちなオレンジの組織に、もう一度そもそも会社が備えている存在価値を思い出してほしいという想いから生まれた考えです。

　またパーパスを策定する際に、「それで儲かるのか？」という経済合理性、「うちでできるのか？」という実現性を過度に気にし始めるのがオレンジ組織の特徴的な思考です。パーパスの発見、共鳴のプロセスを丁寧に実行することで、オレンジの組織の問題点、「社会の公器たる企業ではなく利益重視」や「現場のパーパスを感じる力の弱まり」、が解決されます。

　また「いい会社」であるグリーンの組織には、総花的で実

現性の低い計画、意思決定の遅さと中庸さ、責任逃れ体質等の「グリーンの罠」があります。筆者が提唱するような「熱源探し」という発見のプロセスで個人の価値観を大切にし、社員の参画を重視する共鳴のプロセス（対話）を経て、社員一人ひとりが主体的にパーパスの実装を推し進めることになります。つまり、パーパス・ドリブン・経営によって「グリーンの罠」も乗り越えることができるのです。

第3章
パーパスの発見

1. パーパスの策定には社員を巻き込む

①共鳴を見据えたパーパス策定を行う

　パーパスをつくるにあたっては、これまで言語化されていなかった組織の中にあり続けた強みや思いを掘り下げることがファーストステップです。言語化されているか否かの違いはありますが、人や組織が存在してれば、そこに何らかのパーパスは既に存在しています。そのため、弊社がパーパスの作成をご支援する際には、経営者に思いを聞いたり、社員にヒアリングをしたり、あるいは社史を紐解いたりといったことを行います。

　そして、強みや思いの掘り下げがなされたら、言語化する「発見」の作業を行います。

　ポイントは、次のステップである「共鳴」を視野に入れて、「発見」のプロセスに多くの社員に関わってもらうことです。第2章でお伝えしましたが、「発見」と「共鳴」の間には壁があります。その壁を乗り越える1つのアプローチが、「多くの人が策定に関わる」ということなのです。策定する際に

は、経営メンバー・策定チーム・社員の皆さんの個人ののパー
パスも加味してつくります。そのため、個人のパーパスと会
社のパーパスが重なるようになり、ワクワク感が増し、共鳴
が促されるのです。

　弊社の調査では、以下の通り興味深い結果が出ています。
「パーパスをつくる過程になんらか関与した」と回答した人
のうち、約90%の方が、パーパスが「自分の思考や行動に
影響を与えている」と回答しました。
　この結果からも、パーパス策定プロセスに関与すること
でパーパスに沿った思考や行動が促される可能性が高まるこ
とがわかったのです。

**パーパスをつくる過程に関与した人のうち、自分の思考や行動に
影響を与えていると回答した人の割合**

91.4%

■質問①:あなたは自社の存在意義(パーパス)をつくる
　過程にどの程度関与しましたか?
■回答①:合計256名
「かなり関与した」:89名/824名
「少し関与した」:167名/824名

■質問②:会社の存在意義(パーパス)は、あなたの思考
　や行動にどの程度影響を与えていますか?
■回答②:合計214名
「かなり影響している」:85名
「少し影響している」:129名

出所：パーパスに係るアンケート調査　-パーパス策定企業に勤めるビジネ
　　　スパーソンへの実態調査-（2021年7月／アイディール・リーダーズ）

　パーパスの策定に社員が関わることが重要である一方で、実際に関わる社員は少ないことがわかっています。弊社で行った調査で、「あなたは自社の存在意義をつくる過程にどの程度関与しましたか？」という「発見」のフェーズへの関わりを尋ねたところ、30%ほどの人（「かなり関与した」と「少し関与した」の合計）しか関与していないことがわかりました。なお、約45%の社員が「全く関与していない」と回答しています。

Q：あなたは自社の存在意義をつくる過程にどの程度関与しましたか？

出所：パーパスに係るアンケート調査 - パーパス策定企業に勤めるビジネスパーソンへの実態調査 - （2021年7月／アイディール・リーダーズ）

　まとめると、発見には多くの社員が関わった方がよいのに、それが果たされていない現状があるのです。

②パーパス発見に社員を巻き込むには

　こうした背景から、弊社はなるべく多くの社員がパーパス発見に関わるよう設計のお手伝いをしています。巻き込めた

社員が多ければ多いほど、パーパスを「自分事」と捉える人が増えるということとなります。

　例えば、経営陣を必須参加者にして、他150人の社員を招きワークショップをしたこともありました。参加者全員に意見を出してもらったり、グループで話し合ってもらったりできると効果が高いです。

　全員が同時に参加する会議を設定するのが難しい場合には、各部署で「自社の強み」は何かを話し合い、それを持ち寄って、各部署の代表が集まる会議を開催する、という方法もあります。そうすると、間接民主主義のようにパーパスを決定していくステップを踏むことができます。

　関わる人が多くても少なくても、出てきたアイデアを収斂させていかなければならず、そのプロセスに変わりはありません。そうであれば、関わってもらう人が多い方がいいですよね。

　例えば、100人の会社で実施した時は、最初に15グループに分かれ、ワークショップを実施。丸一日行なって、各グループから15の案が出てきました。その後、まとめるチームの人たちを20人ほど募り、「共通しているメッセージは何だろう」「自社の特徴を表している言葉はどれだろう」と議論し、最後に4候補に絞り、それを経営陣で集まって1つに絞りました。

　ある時は、それぞれ出された案をA4用紙に書き出して、貼り出し、似たものや同じようなメッセージのものをグループ分けしてマッピングしました。グループ分けすることで、

収斂の観点を明確にしていくことができるのです。ある程度候補を絞った上で、投票をしてもらうことも多いです。そうすると、「一般的な表現すぎるな」などそれぞれが検討して、自分の考えを投票という形で表すことができます。他にも、「会社をどうしたらよいと思うか」について、全社員にアンケートを取り、その声を踏まえて、プロジェクトチームが作成していく方法もあります。あるホテルやリゾート施設を運営している企業を弊社がご支援した際には、1500名以上の社員の方にアンケートにお答えいただきました。

大切なことは、社員に「自分の声がきちんと反映されていると感じてもらうこと」です。具体的には、「私の意見がここに反映されている」「ここは僕がいった一言が採用された」といった関与している感覚を個々の社員が持てることで、共鳴を促すことができるのです。

2. パーパス発見のポイントとステップ

パーパスの発見は、以下の4つのステップで行います。

① アイデンティティを見出す
② 世界の根源的ニーズを考える
③ 自社と世界の接点を考える
④ パーパスの言葉を考える

それぞれのステップの内容を見ていきましょう。

パーパス発見のステップ

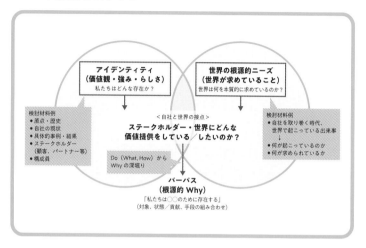

①アイデンティティを見出す

　以下の観点から、自社のアイデンティティ（価値観・強み・らしさ）を見出します。

・原点、歴史

　自社の創業の原点・歴史を振り返ります。創業者・創業メンバーにインタビューをして最初の頃の話を聞くことで見えてくることがあります。また、歴史が長い企業で社史がつくられている場合は、パーパスを策定するメンバーで社史を読み込み、自社がどのように生まれ、どんな過去を歩んできたのかを振り返ります。

・自社の現状

自社の現状を振り返ります。観点としては、戦略や事業内容、業務プロセスといったハードの側面、社員の持つスキルや組織風土といったソフトの側面等、幅広く見ていきます。これらの観点をさらに「誇らしい現状（プラス面）」「残念な現状（マイナス面）」という分け方で見ていきます。誇らしい現状の中には、自社の価値観・強みが発揮されているのはもちろんですが、残念な現状を振り返ることも有効です。「今の残念な現状は、私たちのどんな価値観、強みが発揮されていないから生じているのか？」を対話することで、気づきを得ることができるためです。

・具体的事例・結果

自社を代表する事業や、象徴的なプロジェクトのストーリーの中には、自社の価値観や強み、らしさが現われています。まずは、何が顧客に評価をされ、成功につながったのかを考えます。そして、その成功は、自社のどんな価値観・強み・らしさが生み出したのかを振り返っていくのです。これは決して良い結果だった事業やプロジェクトには限りません。良い結果が得られなかった事業やプロジェクトを振り返る中でも、本来であれば実現したかった姿が見えてくるかもしれません。また、失敗を取り戻そうと挽回しようと動いた中で見えてきた自社の強み・らしさがあるかもしれません。

・ステークホルダー（顧客、パートナー等）

組織の中にいると、強みが社員にとっての「当たり前」になっていて、気づけない可能性があります。顧客や取引先、会社がある地域にお住まいの皆さまなど、自社のステークホルダーの方々は、自社の会社が持つ価値観や強みを、客観的な立場から言及してくれる可能性が高いです。パーパスを発見するプロセスでは、ステークホルダーの方々にヒアリングをすることも有効です。

・構成員（想い・特徴）

　自社で働く社員の日々の言動の中に、価値観・強み・らしさが現れているものです。小さな組織であれば、社員の強みの総和が組織の強みにもなります。例えば、個人の強みを発見する方法として、「ストレングス・ファインダー®　（米国ギャラップ社の開発したツール。Webサイト上で質問に答えることで、全34の資質の中から、自分の特徴的な資質が明らかになる）」といった診断ツールを使用することは1つの手でしょう。各メンバーの上位5つの項目を出して、貼り出し、最も多かった強みは何かを抽出します。小さな組織であれば、それを会社の強みということができます。大きな組織であれば、社員の皆さんにアンケートをとり、大切にしている思いや価値観の言葉を提出してもらい、策定チームでキーワードを見出すという方法もあります。

②世界の根源的ニーズを考える

　アイデンティティを見出した後は、以下の観点から、世界

の根源的ニーズ（世界は何を本質的に求めているのか？）を考えます。

・**自社を取り巻く時代、世界で起こっている出来事**

例えば、STEEP（Society：社会、Technology：技術、Economics：経済、Environment：環境、Politics：政治）というマクロな視点で、自社を取り巻く時代、世界で起こっている出来事を見ていきます。また、この分析をする際には、現在の出来事を分析するだけではなく、5年後や10年後などの未来がどうなっているか分析をすることも有効です。

・**社会や世界が求めるニーズの探求**

前のステップで見た自社を取り巻く時代、世界で起こっている出来事を眺めながら、「どういう状態が実現されて欲しいと願っているか」を考えます。ここでは、「幸せ」「平和」など一般的言葉に寄りすぎず、自社ならではの視点で、例えば「幸せとは何を指すのか？ 幸せのために大切なことを何だと思っているのか？」を考えてみることが有効です。また少し難しい問いですが、「世界がどうなることを望んでいるか」という問いの答えを想像してみることもお勧めです。

③自社と世界の接点を考える

「アイデンティティを見出す」と「世界の根源的ニーズを考える」で見えたことから、「自社はステークホルダーや世界にどんな価値提供をしているのか、していきたいのか？」

「ステークホルダー／世界は、私たちのチームに何を望んでいるのか？」といったことを考え、自分たちが世界に何を提供できるのかを考えます。「こんな夢物語では実現が難しい」と躊躇して、つい実現できる範囲のことを掲げてしまいがちです。しかし、この段階では「最大限の可能性」を想像することが大事です。自社が社会でどのような存在になっていたいかを、思い切りイメージを膨らませて想像をしてみましょう。

　ミツカングループが「未来ビジョン宣言」（筆者が考えるパーパスに非常に近いもの）を策定したプロセスは特徴的です。2017年、8人の次世代の経営幹部が選出されました。当時40代の方々で、ミツカングループでは若手の経営幹部候補とされていました。中埜会長を加えて9人が策定メンバーです。

　策定に当たって、まず3つの方針が確認されました。1つ目は、ミツカングループの原点の重視です。ミツカングループには2つの「原点」があります。「お客さまを第一に考えた品質向上」の精神を表した「買う身になって　まごころこめて　よい品を」と、「限りない革新」の精神を表した『脚下照顧に基づく現状否認の実行』。この2つの原点を重視することが確認されました。また、ミツカングループには『やがて、いのちに変わるもの。』というグループビジョンスローガンがあります。これは人のいのちの源である食品をつくっているという、誇りと責任を表しています。この「2つの原点」

と「グループビジョンスローガン」の意味することへの覚悟を中心に据えて検討を進めるということです。

　2つ目は、10年先の未来はどのような世界になるのかしっかりと環境分析をするということ。実際に策定メンバーが外部の専門家と会って、お話を聞くというプロセスを入れています。気候変動、人口、農業、食品、技術革新、デジタル化、等の研究者、ベンチャーを含む経営者、NPOの活動に関わっておられる方など、幅広い分野の方々との議論を通じて、「10年後の世界はどのようになるのか？」という認識を高めた上で議論を進めていきました。例えば3Dプリンターを活用してパーソナライズされた栄養と味をデザイン使用しているベンチャー経営者が真剣に取り組んでいる姿を見て、大きく触発されたという体験もあったそうです。SDGsが今ほど普及していない中ではありましたが、サステナビリティの議論の機会も多くあったということです。

　3つ目は、9人のメンバーで活発に議論をしようということ。経営を担うメンバーが自分たち自身で考えて形にしていくというプロセスで行われました。まさに自社のアイデンティーを踏まえ、世界の根源的ニーズを考え、自社と世界の接点を考えるというプロセスが行われたのです。その結果、「未来ビジョン宣言」では「新しいおいしさで変えていく社会」を目指し、おいしさと健康を一致させた商品を世界に提供する取り組みをしています。

ミツカン未来ビジョン宣言

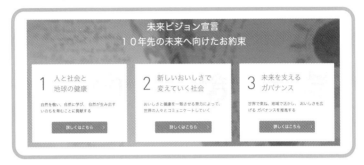

出所：ミツカングループホームページ https://www.mizkanholdings.com/
　　　ja/vision.html

④パーパスの言葉を考える

　ここまでの検討を踏まえて、「自社は○○のために存在する」というパーパスの言葉の検討を進めます。What や How から「Why」の視点で目的を深堀り、適切な抽象度に着地させることがポイントです。

　パーパスをどのように表現するのがいいのか悩む場合は、「自社らしい手段×対象×対象の状態／自社の貢献（どうなっている・何をする）」という形で、いくつかの候補を考えることをおすすめします。

　例えば、ソニーは「クリエイティビティとテクノロジーの力で、世界を感動で満たす」というパーパスを掲げています。
※13

　これを分解すると、「クリエイティビティとテクノロジーの力で（自社らしい手段）×世界を（対象）×感動で満たす

(対象の状態)」となります。消費財メーカーのライオンのパーパスは「より良い生活習慣作りを通じて人々の毎日に貢献する」。こちらも「より良い生活習慣作りを通じて（自社らしい手段）×人々の毎日に（対象）×貢献する（自社の貢献）」と分解できます。

　パーパスを「対象 × 対象の状態」で表現する企業もありますが、「自社らしい手段」が入ることで、より「自社らしさ」が表現されるようになります（その他の企業の例は、表をご覧ください）。

各企業のパーパス

企業名	パーパス		
	自社らしい手段 ▶	対象 ▶	対象の状態 / 自社の貢献
ソニー	クリエイティビティとテクノロジーの力で	世界を	感動で満たす
富士通	イノベーションによって社会に信頼をもたらし、	世界を	より持続可能にしていくこと
ライオン	より良い生活習慣作りを通じて	人々の毎日に	貢献する
ネスレ	食の持つ力で、	現在そしてこれからの世代のすべての人々の	生活の質を高めていきます
昭和電工	化学の力で	社会を	変える
サイバーエージェント	新しい力とインターネットで	日本の	閉塞感を打破する
ピジョン	赤ちゃんをいつも真に見つめ続け、	この世界をもっと赤ちゃんに	やさしい場所にします

ビジョンの例は対象を「赤ちゃん」に絞っているところにも自社らしさが反映されていますね。

　もちろん、パーパスはこの公式通りでなくても結構ですが、わかりやすい形の1つとして参考にしてみてください。

　このようなプロセスでパーパスの候補がいくつか出てきた中で、策定メンバーが「これだ！」と感じるパーパスが発見されることがあります。一方で、1つに絞れない場合には、評価軸に基づきパーパス案の絞り込みを行います。評価軸としては例えば、

・シンプルか
・信じられるか
・エネルギーと方向性を与えるか
・自社ならではか

　といったものが挙げられます。何を評価軸にするかも、策定チームで議論すべき重要なポイントです。

　パーパス案が絞り込まれたら、言葉をブラッシュアップしていきます。その際には、メタファー（比喩）を用いることで、策定メンバー間の共通理解を促すと同時に、パーパスの言語化をより効果的に実施することが可能となります。

　例えば、議論の中で「心のコップに水を注ぐようなイメージだ」というメタファーが見えてきたとしましょう。パーパス案として「子どもたちに喜びを提供する」という言葉が出ていた場合は、このメタファーを用いて「子どもたちを喜び

で満たします」という表現にブラッシュアップできるかもしれません。

　最終的には、自社の存在意義を簡潔な言葉で表現した「パーパス」とパーパスについて説明した「補足文章」から構成されるアウトプットをつくることが一般的です。

　例えば、サイバーエージェントが2021年10月に発表したパーパスも、この形式でまとめられています。

サイバーエージェントのパーパス

CyberAgent. | **Purpose**

新しい力とインターネットで日本の閉塞感を打破する

あらゆる産業のデジタルシフトに貢献する

新しい未来のテレビ ABEMA を、いつでもどこでも繋がる社会インフラに

テクノロジーとクリエイティブの融合で世界に挑戦する

年功序列を排除し、21世紀型の日本的経営を体現する

時代の変化に適合し、グローバルカンパニーを目指す

インターネットを通じて日本を元気に

出所：サイバーエージェント　ホームページより　https://www.cyberagent.co.jp/corporate/purpose/

以上のプロセスで、パーパスを言語化していきます。

3. マネジメント層こそ自身のパーパスが必要

　経営者はパーパスについて、いかに思いを持って語れるかが大事です。そして、仕事だけでなく日常でも、パーパスに基づいた姿を見せていけるとよいでしょう。実際に、多くの経営者がパーパスの重要性を感じています。弊社の調査によると、「会社の存在意義を重要だと思いますか？」という問いに対して、「とてもそう思う」と回答した割合を見ると、経営層（80.0%）、役員（72.4%）、部長（55.7%）、一般社員（37.3%）の順番となりました。経営者の多くが、パーパスの重要性を理解しているのです。

Q:「なぜ自社が存在するのか？」という問いの答えになるもの（＝会社の存在意義）を重要だと思いますか？

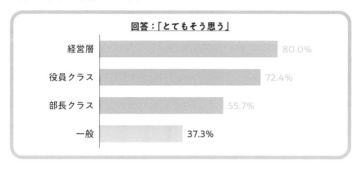

出所：パーパスに係るアンケート調査 - パーパス策定企業に勤めるビジネスパーソンへの実態調査 -（2021年7月／アイディール・リーダーズ）

　また、社長は自身のパーパスを持ち、さらにそれを会社のパーパスに一致させておくことが大事です。経営判断などがパーパスに基づいて行われなければ、パーパス・ドリブン・経営がまわりにくくなります。そのため、一般の社員よりも経営者のパーパスの一致度が高いことは大事なポイントです。ちなみに、弊社は自社のパーパスと代表の永井のパーパスが以下のように重なっています。

会社のパーパスと経営者のパーパスの重なりの例

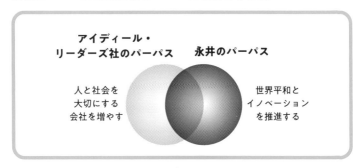

しかし、「社長だからこそ」の難しさもあります。社長が最も各種ステークホルダーから苦言を呈される立場だからです。例えば、「環境に優しいことをするために、プラスチックの製品の取り扱いをやめたい」と宣言した場合、もしかしたら長年プラスチック製品をつくる企業から「そんなふうに急にいわれても難しいです」といわれるかもしれません。一方で、社員には「一刻も早く取引をやめなければ、パーパスとズレていきますよ！」と経営判断を迫られるかもしれません。加えて、株主には「売上が落ちるならば、取引をやめるべきではない」といわれることもあるでしょう。

ステークホルダーが多様になればなるほど、パーパス・ドリブン・経営を実現することが難しくなります。経営判断の難易度が上がるからです。そして、この厳しい選択の局面に立たされたときに、会社のパーパスと経営者自身のパーパスの重なる部分が多くなければ、パーパスに基づいた経営判断ができません。

　まとめると、経営陣や事業部のトップや管理職は全員自身のパーパスを持ち、会社のパーパスと共鳴していることが欠かせません。当然のことですが、上司がパーパスに基づいた判断ができていない状態で、部下にパーパスの実装を求めていくことは困難です。ステークホルダーが多い立場の人こそ、自分自身のパーパスに立ち戻れることが重要です。パーパスに基づいた新規事業も新たな方針も、売上に結びつくかどうかわかりません。しかし、そこでパーパスに基づいて「やるんだ」と決意しなければいけません。この覚悟を持つためには、自身のパーパスが必要なのです。

4. 事業ごとにパーパスをつくるかパーパスを事業ごとに解釈するか

　パーパス・ドリブン・経営は、組織が小さい方が実現しやすいでしょう。それは、メンバー一人ひとりが組織の課題を自分事化した状態になり、パーパスの共鳴や実装が行われやすいからです。

　一方で、大きな組織になると、全てのメンバーに共鳴し、実装してもらう難易度は上がります。そこで、大企業では「事業・商品カテゴリーごとにパーパスをつくる」あるいは「1つのパーパスをつくって、事業・商品カテゴリーごとに実現方法を変える」といったことを行なっています。

①事業・商品カテゴリーごとにパーパスをつくる

単一事業であれば、組織が大きくなってもパーパス1つで大丈夫です。例えば、レストラン事業しかしていなければ、おそらくパーパスは1つでよいでしょう。具体的には、世界的な大企業であるマクドナルドは、「おいしさと笑顔を、地域の皆さまに」という1つのパーパスしかつくっていません。

しかし、会社の規模が大きくなると一般的には多角経営をするようになります。そうなると、1つのパーパスでは成立しにくくなるのです。それに対応するのが、事業ごとにパーパスをつくるということです。花王やユニリーバはその好例でしょう。

②1つのパーパスをつくって、事業・商品カテゴリーごとに実現方法を変える

事業ごとにパーパスを持つ他に、パーパスは1つだけれど、パーパスの実現の仕方を事業やブランド、業務ごとに変容させるというパターンもあります。

5. パーパス発見のエコロジーチェック

「発見」は、次のステップである「共鳴」と「実装」を目指して行っていく必要があります。実装を視野に入れると、自社のビジネスをきちんと踏まえてパーパスの「発見」をし

なければ成立しません。簡単にいうと、自社の事業とかけ離れたパーパスにしたところで、実現のしようがないということです。

ここで大切になるのは、「エコロジーチェック」の視点です。エコロジーチェックとは、そのままの意味では「環境点検」です。コーチングの分野では、この「エコロジーチェック」を「クライアントが行う新たな挑戦について、自分と周囲への影響を調査し、健全性を保つこと」の意味で用います。つまり、次のステップである「共鳴」と「実装」につながるかどうかがエコロジーチェックの項目として重要になるのです。具体的には以下の項目が挙げられます。

【パーパス発見のエコロジーチェックポイント】
①ワクワクする内容になっているか
②「自社ならでは」の社会的価値を盛り込めているか
③10年以上継続できるものか
④経営を持続できるものか（売上につながるか）

① ワクワクする内容になっているか

「共鳴」につながるのは、「ワクワクする」という視点です。経営者も社員も、ワクワクが大事なことは共通しています。ワクワクとは、わかりやすくいうと「目標達成に向けて歩むのが楽しくなる」ということです。こうしたワクワクが伴え

ば、仕事も楽しくなり、毎日の行動にも変化が生まれていきます。

ワクワクは、自分のパーパスと重なる部分があることが大事です。さらに、「どの会社でも使っていそうな一般的フレーズ」ではワクワクの度合いは下がります。「自社ならでは」のパーパスであることが重要なのです。

また、実装に関しては、「このパーパスにすることで、既存ビジネスにどのような影響が出るか」「事業に沿わないパーパスとなっていないか」などをチェックすることがポイントになります。

②「自社ならでは」の社会的価値を盛り込めているか

基本的には自社の「強み」に紐づけて考えていくと、実態と乖離する結果にはなりません。しかし、新たな挑戦を仕掛けたいと考えていたり事業の転換への思いを込めていたりすると、「このパーパスは実装できるのだろうか？」という懸念が出てくることがあります。

また、一般的にパーパスは、短いフレーズとそれに対する説明文をセットで提示します。説明文ではなく、動画にしたり絵本を使ったりといろいろなメディアを用いてパーパスの解釈を促している企業があります。一行だけの言葉というある程度抽象度が高いパーパスであれば、他社との違いがあるのかが気になることがあります。しかし、こうした説明文とセットにすることで、独自性のあるパーパスとすることがで

きるのです。

③10年以上継続できるものか

　他には、10年は継続できそうなパーパスになっているかという点も重要です。「今後ずっとこのパーパスを守り続けます」というと固定化してしまう可能性があります。とはいえ、1年ごとにコロコロ変えていると会社が定まった方向に進みません。ある程度は継続して目指し続けられるものにしましょう。

④経営を持続できるものか（売上につながるか）

　事業会社である以上、継続的に売上をあげていかなければいけません。経営を維持できるかどうかという観点も大事なのです。

　上場企業であれば、さらに事業を拡大していく重要性は増します。パーパスを設定したことで売上が落ちれば、投資家から指摘されたり、クレームが出たりするかもしれません。

　筆者は企業における利益は、人間における酸素と同じであると考えています。人間が生きる目的は呼吸ではありませんが、呼吸しないと生きていけません。会社の目的はパーパスに書かれているものだけれど、事業を継続し続けるために利益を上げていかなければいけないのです。時には、「利益とパーパスのどちらが大事なのか」という議論が行われることがあります。もしもパーパス達成のために頑張っている社員

よりも、パーパスを無視して利益を上げている人の方が出世するとケースが散見されれば、社員は大きな矛盾を感じるようになります。会社への信用度が下がり、社員のエンゲージメントも落ちていってしまうでしょう。

以上の①から④は満たされていなければ、もう一度パーパスを見直す必要があります。また、YES・NOで回答するのが難しい「ワクワクする内容か」という項目に対しては、点数評価にするのも一案です。例えば、5段階評価で4以上でなければ、もう一度考え直そうと思えるわけです。点数にすると、「5段階評価で『2』である理由はなんですか?」と尋ねることで、策定し直すポイントが見えてくるかもしれません。

6. 混沌としたら、再度パーパス検討の 背景に立ち返る

長い時間をかけてパーパスを検討していると、「何を大事にしたらよいか」がわからなくなっていくことがあります。「あれも大事だな」「これを推す意見も多いな」……と、パーパスに入れたい要素が増えて、混乱してしまうのです。

そんな時には、「そもそもパーパスを策定しようと考えた背景」に立ち返りましょう。パーパスを策定しようと考えた背景はそれぞれの企業によって異なるはずです。例えば、「競合と差別化したい」や「新たな世代の顧客に支持されるよう

になりたい」といった課題意識をそれぞれ持っているのです。この課題意識に立ち返ることで、真にパーパスに込めるべき思いを思い出すでしょう。

　なお、以前作成されたパーパスやビジョンなどを見直す工程を挟むことも有効です。「以前掲げたパーパスやビジョンには何が足りなかったのか」を確認することで、新たにつくるパーパスへ生かしていくことができます。

　こうした前提を確認した上で、「目指す理想のパーパスはどのようなものなのか」の要件を定義し、策定へと生かしていきましょう。

7. パーパスの発見に関する企業事例

　J-オイルミルズは、新たにコミュニケーションブランド「JOYL（ジェイオイル）」を制定し、2021年4月1日より使用を開始しました。この「JOYL」導入に合わせ、J-オイルミルズ目指すべき未来、会社の使命、会社の価値 / 存在意義をあらわした、新たな企業理念体系を制定しました。

　パーパスは、バリューとともに次のようにまとめられています。

私たちの価値／存在意義（バリュー／パーパス）

壁を越え、共に挑み、期待を超える

どんな時も領域や常識、限界の壁を越え

仲間とつながり、共に挑戦します。

その先にいる人々の期待を超えて

まだどこにもない価値を創るために。

その価値と行動の基盤として

生活に欠かせないあぶらの提供を原点に、

自然の恵みから可能性を引き出し

人に真摯に寄り添い貢献していくという

私たちの存在意義を忘れず食を支え続けます。

J-オイルミルズの未来創造センターの竹田健祐氏は、パーパス策定のプロセスを下記のように語っています。※14

「最初は『骨格作り』でした。まず、社会課題や、世の中のトレンドを意識しながら、中期経営計画の検討チームの中で議論し、織り込むべき視点を整理しました。特に意識した外部環境変化は、人口爆発に伴う影響です。人口の爆発的増加によって食資源の問題や環境負荷の高まり、あるいは個人の消費ニーズの変化といったところに大きな影響が出てくると考え、それらに貢献していかなければいけないという視点を持ちました。」

「その後、中計検討メンバーで、旧企業理念体系から『守りたいもの』と『変えたいもの・追加したいもの』は何かを考えていきました。その上で、当社がどういう世界を目指し

J- オイルミルズ理念体系

出所：J- オイルミルズ提供資料より

ていきたいかというところをオプションで幅出ししながらストーリーとしての骨格をつくりました。作成した骨格は全社に公開し、社員の皆さんにアンケートにて意見を募りました。400 名以上の方から声をいただきましたね。」

　「5月から議論を始めて12月までの7ヶ月間議論をしていました。その中でも最も時間を使ったのは社長の八馬史尚だと思います。パーパスの草案をまず社長と私の部署とで議論しながらつくり、毎週のミーティングで部長・グループ長たちに意見をもらいながら表現やストーリーを見直し、月次の役員が参加する会議でも意見をもらいながらブラッシュアップしました。ミーティングには社長も参加していましたが、

その場ではあまり言葉を発しないで、意見を聞いていました。最終的な決定は社長が行いましたが、ブラッシュアップの過程では、自分の意見も入れつつ他の方の意見を取り入れることを意識していたように思います。」

　「皆さんの議論を聞いていると、当社のカラーが見えてきました。それは『優しい会社』ということです。チャレンジするという言葉ではなく『向き合う』という言葉を使おうといった意見や、『寄り添う』という言葉は入れたいよねという話がでました。お客様に対してはもちろんのこと、自然や環境に対してもフレンドリーである、ということを再認識して、表現できたのはよかったと思っています。」

　J‐オイルミルズのパーパス発見のプロセスは、まさに本章の第2節「パーパス発見のポイントとステップ」に沿ったものです。

第4章
パーパスの共鳴

1. パーパスの共鳴の重要性

　第4章では、パーパスの「共鳴」のステップについてお伝えします。パーパスをただ暗記して「全員が暗唱できるようになる」ことがゴールではありません。「共鳴」の次のステップである「実装」につなげていくには、納得や理解をした上で、さらに心が動くことが重要です。これを「共鳴」と定義することができます。共感や納得と異なり、共鳴の場合には、自社のパーパスと自分自身のパーパスが響き合い、行動に繋がっていくような背中を押される感覚を得られます。

　経営者からすると、最初に共鳴をしてもらう必要があるのは社員です。続いて、顧客など各ステークホルダーにも共鳴の輪を広げていくことが大切です。

　社員に共鳴してもらう上で大事なポイントとなるのは、第3章でお伝えした「パーパスを社員とともに発見する」ということです。発見に際して、社員が話し合いをしたりアンケートで募集したりすることで、「自分が関わった」という感覚を持つことができます。発見に関わることができると、パーパスを自分事化することができるのです。

発見を終えたら、以下の２つのポイントで共鳴を促してい
きましょう。

　①社内外でパーパスの世界観を体験できる機会を創出する

　②社員が自身のパーパスを見つけ、探求しながら自社の
　　パーパスへの共鳴を促す仕組みを構築する

　こうした働きかけを行うことで、パーパスへの共鳴が起こ
り、パーパス・ドリブン・経営の実現につなげていくことが
できるのです。

2. 共鳴を促すためには様々なアプロー チが必要

① パーパスを自分事化できる機会を設けるこ とが大切

　パーパスの共鳴を促すための大事なポイントとして、「①
社内外でパーパスの世界観を体験できる機会を創出する」こ
とを挙げました。つまり、自社のパーパスに関して、社員が
十分に自分事化する仕組みづくりが企業には求められるので
す。

　弊社の調査によると、「自社の存在意義（＝パーパス）に
関して十分に理解・自分事化する機会を得られている」とい
う質問に対して「非常に感じる」と回答した人の69.4％が、「自
社のパーパスと自分のパーパスが重なっている」と回答しま

した。一方で、「自社のパーパスに関して十分に理解・自分事化する機会を得られているとどの程度感じますか?」という問いに対し、「全く感じない」と答えた人に目を向けると、「自分自身の価値観や自分自身のパーパスと自社のパーパスが重なっている」と回答した人はわずか 2.8% だったのです。

調査からも、自社のパーパスを社員に対して 理解・自分事化する機会を提供することは非常に重要だといえるのです。

自社のパーパスを理解・自分事化する機会を提供することの効果

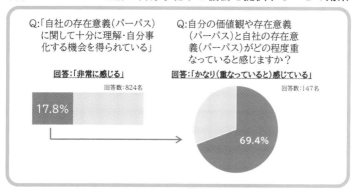

Q:「自社の存在意義(パーパス)に関して十分に理解・自分事化する機会を得られている」

回答:「非常に感じる」
回答数:824名
17.8%

Q:自分の価値観や存在意義(パーパス)と自社の存在意義(パーパス)がどの程度重なっていると感じますか?

回答:「かなり(重なっていると)感じている」
回答数:147名
69.4%

出所:パーパスに係るアンケート調査 - パーパス策定企業に勤めるビジネスパーソンへの実態調査 - (2021年7月／アイディール・リーダーズ)

②共鳴を促すための7つ以上のアプローチ

共鳴を促すためのポイントは、パーパスに触れる多様な機会を用意するということです。具体的には、方法の異なる7つ以上のアプローチを設けましょう。なぜ多様なアプローチが必要かというと、人は情報を取り込む上で、それぞれ得意

なチャンネルが異なるからです。NLP（Neuro Linguistic Programing、神経言語プログラミング）という領域では、人によって視覚、聴覚、身体感覚、味覚、臭覚の五感の中で優位な感覚が異なるということが明らかにされています。

　1つの感覚にアプローチするだけでは、それ以外の感覚優位の方を取りこぼしてしまう可能性があります。例えば、文章を読むことが苦手な人でも、音声であれば注意を向けることができるケースがあります。これは、その人が聴覚優位だからです。このことから、同じアプローチを何回も行うのではなく、様々な方法を講じていくことが重要なのです。

　例えば、それぞれの感覚の優位性を踏まえた7つのアプローチ例は以下の通りになります。

【パーパス共鳴のためのアプローチ例　～飲食業界の場合～】

①社長講話のタイミングでパーパスについて話す…聴覚

②ポスターや名刺、パソコン起動時の待ち受け画面にパーパスが表示される…視覚

③社員食堂では、創業時代から続く自社の主力商品の味わえるメニューを設ける…味覚×嗅覚

④上司が部下との1on1でパーパスについて語る…聴覚

⑤3ヶ月に1回ほど、チームでパーパスについて振り返る対話をする…聴覚

⑥テレビ CM でパーパスを含む情報を流す…視覚×聴覚

⑦パーパスの内容を社会貢献活動で達成するために、ボランティア休暇制度を利用し実際に体験する…身体感覚

③多様な人からアプローチする

　また、ずっと同じ人から発信されるよりも、色々な人からアプローチされることが共鳴には有効です。上記の「7つのアプローチ」では、社長から講話を受け、上司と 1on1 で話をしています。さらに、CM も流すので顧客側から「御社のパーパスは○○ですよね？」といわれる可能性があります。このように、様々な立場の人から、パーパスについて話をされる機会を設けるとよいでしょう。

　余談ですが、CM はインパクトが大きいです。佐川急便は、かつて「走る、セールスドライバー」というキャッチコピーを使った CM を流しました。その後、実際に宅配スタッフが一層迅速に配達に回るようになったといわれています。パーパスを CM で発信することで、社会からのイメージが逆輸入的に社員へ影響を強く与えるのです。テレビCMだけでなく、新幹線の広告で自社のパーパスを発信しているのを見ることもあります。これには、出張で新幹線に乗る自社の社員の士気を高める狙いもあるのでしょう。

3. 自社のパーパスと自分のパーパスの 重なりを見つけ、自分事化する

① 自分のパーパスと自社のパーパスが重なる ことの重要性

　続いて、共鳴における大事なポイントの2つ目である、「社員が自身のパーパスを見つけ、探求しながら自社のパーパスへの共鳴を促す仕組みを構築すること」について説明していきましょう。

　まず、パーパスにより社員一人ひとりの業務がどう変わるかという視点を持つことが重要です。例えば、パーパスが実現された際の理想の組織のあり方とはどういったものでしょうか。職場や目の前の業務がどう変わるのかをイメージできなければ、パーパスは社員にとって他人事になってしまいます。例えば、「グローバル」を掲げる企業は多いですが、それにより社員一人ひとりの仕事がどう変わるのかが見えなければ自分事にはなりません。

　そこで、大切なのが「自社のパーパスと自分のパーパスの重なりを見つける」ということです。両者が重なることで、パーパスに共感した社員が高いモチベーションを持って、仕事に臨むことができるようになります。その結果、業務パフォーマンスや創造性を発揮することにつながるのです。

　弊社のクライアント企業にて、従業員5000名以上を対象に、「幸福度」に関する調査を実施しました。その調査の中で「人生の目的を見つけている度合い（個人のパーパス明確度）」「会社スタンスへの共感」を掛け合わせて分析した結果、人生の目的が明確であるほど、かつ、会社スタンスへの共感度が高い社員ほど、相対的に幸福度が高いという結果になりました。（下図参照）

仕事における幸福度別分布図

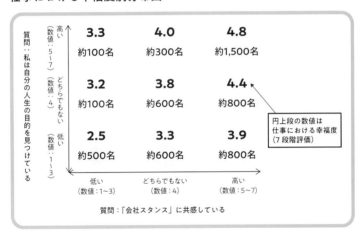

出所：アイディール・リーダーズによるクライアント企業への調査結果より

　さらに、「ハイパフォーマー（人事評価における高評価者）」に関して調査をしたところ、個人のパーパスの明確度が高く、会社スタンスへの共感が高いセグメントが、最もハイパフォーマーの出現率が高い（7.8%）ことがわかりました。

ハイパフォーマー分布図

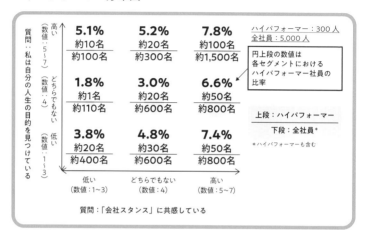

出所：アイディール・リーダーズによるクライアント企業への調査結果より

興味深いのは、個人のパーパスの明確度が「低い」人たちから方が、「どちらでもない」人たちからよりも、ハイパフォーマーが出現しやすいという結果でした。「個人のパーパスの明確度が低い×会社のスタンスに共感している」のセグメントが、2番目にハイパフォーマーの出現率が高いという結果になっています。

この結果を、近年注目されている「成人発達理論」という観点から考えてみましょう。ハーバード大学教育大学院のロバート・キーガン博士は、人間の知性や意識は成人以降も発達していくとし、そのプロセスを体系化しています。これが

いわゆる「成人発達理論」です。2001年、『ハーバード・ビジネス・レビュー』に掲載された共著論文「自己変革の心理学」[原題：The Real Reason People Won't Change]（共著者：リサ・ラスコウ・レイヒー）は大きな反響を呼びました。

　ロバート・キーガンは『なぜ人と組織は変われないのか』（リサ・ラスコウ・レイヒーと共著、池村千秋訳、英治出版）の中で、「知性の発達段階」として3つの段階を提示しています。

成人の知性の発達段階

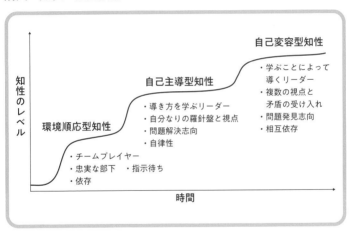

出所：『なぜ人と組織は変われないのか』（英治出版）をもとに作成

・**環境順応型知性**

　この段階の人たちの特徴として、組織や集団に従属し、他者に依存する形で意思決定をする、いわれたことをしっかり

と実行するということが挙げられます。ある調査では、成人の約70%がこの段階にいるといわれています。

・自己主導型知性

　この段階の人たちは自分なりの価値体系・規範・意思決定基準をもち、自律的に行動ができるという特徴があります。成人の約20%がこの段階といわれています。

・自己変容型知性

　この段階の人たちは自分の価値観の底流にあるパラダイムを考察し、深い内省を行いながら既存の価値観や認識の枠組みを壊し、新しい自己をつくり上げていきます。成人の約1%がこの段階といわれています。※15

　この考え方に基づいて先程のハイパフォーマーの分布の図を見てみましょう。個人のパーパスの明確度が「低い」人たちは環境順応型知性の段階にいる、そして、個人のパーパスの明確度が「高い」人たちは自己主導型知性の段階にいる可能性があります。それぞれ、現在の位置が明確であり、存分に力を発揮されていると思われます。

　そして、個人のパーパスの明確度が「どちらでもない」の人たちは、環境順応型知性と自己主導型知性の「間」にいると見ることができます。段階と段階の「間」にいるときには、心に迷いや葛藤が生じます。「会社の目指すべきところや価値観には共感するが、自分は何を大切にしていきたいのか?」「自分には、本当は他にやりたいことがあるのではないか?」

といった問いと向き合う人生の時期を迎えているのです。

　個人のパーパスの明確度が「どちらでもない」という人たちは、裏を返せば、自分の人生の目的が明確になるための変化のプロセスの中にいるともいえます。このプロセスの中にいる人たちには、自分の人生のパーパスを見つける適切な支援をすることが有効かもしれません。

　なお、この成人発達理論の話をすると、高い知性レベルにいる人のほうが優れている、と解釈される方が多いのですが、環境順応型知性よりも自己主導型知性の方が優れているということではありません。これらはあくまで個々人の知性・意識の話であり、他者と比較をするものではないということを付け加えておきます。

②社員が自分自身のパーパスを持つ（パーパスを探求しよう）

　自分のパーパスと自社のパーパスの重なりを見つけるには、当たり前ですが、社員が自分自身のパーパスを持っていることが重要です。

　とはいえ、「自分のパーパスとは何か」を認識している人はあまり多くはないでしょう。自身のパーパスとは、言い換えると「私は何のために存在するのか？」ということです。ぼんやりと抱いているものがあるかと思いますが、言語化までできている方は少数派です。

自身のパーパスには、①自身が大切にする価値観、②社会的意義の2つが含まれています。では、自分のパーパスを発見する方法を2パターンご紹介しましょう。

【自分のパーパスの掘り下げ方1】
「価値観リスト」をベースに自分が大切なものに気づく

　自分がどのような価値観を持っているかを把握するには、「価値観リスト」を活用すると良いでしょう。以下の4ステップで、自分のパーパスのもととなる価値観を見つけ出してください。

【ステップ】
① 自分が大事にしている価値観を下記の「価値観リスト」から8つ選択します。

② 8つの中から、より重要である5つを残します。

③ 5つの中から、より重要である3つを残します。

④ 残った3つがあなたの価値観です。その3つの価値観を自分のパーパスに込めて言語化しましょう。

価値観リスト

ユーモア	健康	前進	伝統	つながり	養育
バランス	自由	正直	名声	友情	歓び
率直	集中	安全	成長	軽快さ	美
思いやり	ロマンス	落ち着き	信頼	精神性	真実
コミュニティ	承認	成功	参加	エンパワーメント	リスクをとる
生産性	調和	正確性	成果	自己表現	平和
奉仕	達成感	冒険	協力	誠実	優雅
貢献	規則正しさ	ありのまま	自力	創造性	活力
卓越	忍耐力	熱意	選択	独立	感謝

出所：『成功と幸せのための4つのエネルギー管理術』ジム・レーヤー、トニー・シュワルツ著　青島淑子訳　CCCメディアハウス、『コーチング・バイブル』ヘンリー・キムジーハウス他著／CTIジャパン訳　東洋経済新報社　より作成

【自分のパーパスの掘り下げ方2】社員相互でインタビューを行う

　自分のパーパスを掘り下げる方法は、「自分で掘り下げる」方法と「他人に掘り下げてもらう」方法の2パターンがあります。ちなみに弊社では、「他人に掘り下げてもらう」ワークショップを開催しています。

パーパスの掘り下げ方

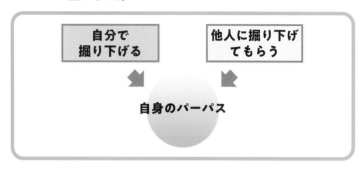

　他人から掘り下げてもらう場合でも、自分で自分に問いか
ける場合でも、以下のような質問項目を設けるとよいでしょ
う。

【自身のパーパスを掘り下げる質問項目】

・もしも世界を変える力があったら、どんな世界をつくりた
　いですか？

・もしもあなたが自由に法律をつくれたとしたら、どんな法
　律をつくりたいですか？

・もしも街に好きな広告を出せるとしたら、どんなメッセー
　ジを発信しますか？

・あなたが亡くなる時、親しい人から「どんな人だった」と
　表現してもらいたいですか？

　こうした質問で掘り下げた自分の回答から、自身の価値観
や人生で大事にしていることに気づくことができます。

③自社のパーパスと自分のパーパスの重なりを検証する

　自分のパーパスと自社のパーパスを並べて、「重なっている部分はどこか」を考えます。「自分のパーパスから見て、共感できるところはあるか」を見極めるのです。抽象度が高くて難しい場合には、「自分のパーパスが実現したシーン」と「会社のパーパスを自分が体現したシーン」を思い浮かべてみましょう。そうすると、「こことここはつながっているな」や「表現は違うけれど目指しているところは似ている」といったことに気づきます。これにより、共鳴につなげていくことができます。

　その会社で働いている以上、何かしら重なっていることが多いものです。むしろ、パーパスが重なっていない場合は、転職のタイミングだともいえます。パーパスが全く重ならないということは、自分の頑張りと会社の頑張りの方向性が異なることを意味します。そうなると、自分も働いていてしっくりこないでしょう。会社は無数にあるので、自分のパーパスに合う企業を選んだ方がよいかもしれません。

　会社側からすると、能力がある社員には辞めてほしくないと思うかもしれません。しかし、能力は高いけれどパーパスが合致していない人は、会社に混乱を起こす可能性があります。採用の時点で自社のカルチャーと合うかを見極めようとしている会社が多いのはそのような背景があるからでしょう。「自分と会社のパーパスが合致する人に働いてもらう」、それ

が双方にとっての幸せなのです。

④「個の時代」において自分のパーパスはより重要に

1回のワークで自分のパーパスが見つけられるほど簡単なものではありません。大事なことは、自分のパーパスを探究し続けることです。最初に自分のパーパスを考えるのは、その人にとって「種が撒かれた」タイミングです。その種を人生をかけて、探究をしていくのです。さらにいうと、会社のパーパスだけでなく、個人のパーパスも変わりゆくものです。

自分のパーパスの発見は、会社のためだけに行うものではありません。時代的な背景に鑑みると、自分のパーパスを持つことは今後一層重要になっていきます。現在は「個の時代」といわれています。独立すればもちろんのこと、会社にいながらも「実業家」のような意識を持つことが求められます。

例えば、タニタでは社員を業務委託とする方針を発表しました。人員削減の文脈ではなく、もっと個人を際立たせて会社にコミットしてほしいという狙いからそのような施策を採ったのです。個人事業主になることで、より自分のパーパスを明確化することにつながりました。その結果、個人事業主となった多くのメンバーは、パフォーマンスが上がり、正社員時代よりも報酬を得られるようになったのです。

自分のパーパスと会社のパーパスが重なることが、事業の推進力やパフォーマンスに繋がっていきます。例えば、自分

のパーパスがぼんやりしていて、「会社の決まりだから従っています」「報酬のために働いています」という場合には、会社がよくない方向に進んだとしても異義を唱えられずに従ったり会社のせいにしたりします。

　自社のパーパスと個人のパーパスは働く上で両輪です。重なっている面積が大きいほど、会社としても個人としても生産性が高くなります。この両輪が揃って、はじめてパーパス・ドリブン・経営が実現するのです。

　ここで1つの事例を紹介しましょう。徳島市にてお菓子製造・販売を行うイルローザでは、社員・アルバイトスタッフ全員に向けて、個人のパーパスを見つけるワークショップを実施しました。もちろん製造現場や販売の店舗を止めるわけにはいかないので、複数回に分けて行う形式をとりました。イルローザの取り組みでユニークなのは、社内でパーパスワークショップを行うファシリテーターを養成し、ファシリテーターが社員・アルバイトスタッフに向けてワークを提供したことにあります。（筆者は、このファシリテーター養成をお手伝いしました。）代表取締役社長の岡田圭祐氏は、「社員一人ひとりが自分のパーパスを持った上で仕事をしてほしい」「変化の激しい今の時代、地方の中小企業こそ、パーパス・ドリブン・経営が重要である」と語っていらっしゃいます。

【ワーク】自身のパーパスを見つけてみよう

以下の質問に回答してください。

・もしも世界を変える力があったら、どんな世界をつくりたいですか?

(   )

・もしもあなたが自由に法律をつくれたとしたら、どんな法律をつくりたいですか?

(   )

・もしも街に好きな広告を出せるとしたら、どんなメッセージを発信しますか?

(   )

・あなたが亡くなる時、親しい人から「どんな人だった」と表現してもらいたいですか?

(   )

以上から自分のパーパスは、

「   」

である。

4. 組織のパーパスと各メンバーのパーパスが重なり合う

　個人のパーパスと自社のパーパスを重ねていくと、次の図のように各メンバーのパーパスがそれぞれ自社のパーパスと

組織のパーパスと
個人のパーパスの関係

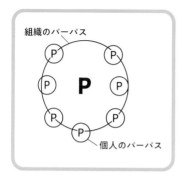

組織のパーパス

個人のパーパス

重なり合うような状態が生まれます。重なり合い方は、メンバーごとに異なります。8割程自社のパーパスと重なっている人もいれば、5割、あるいは2割の方もいます。自社のパーパスと重なる部分が大きいと、仕事への意義が見出しやすくなります。「重なり合いが低いメンバーに対して、パーパスを自分事化する機会を一層増やそう」など、打ち手を見出すこともできます。

5. パーパスをどれだけ体現できたかを
定期的に振り返る

　「個人がどれだけパーパスを実現することができたのか」を振り返ることで、パーパスの共鳴が広がっていきます。パーパスを策定した直後は、パーパスの共有会を100回、150回と行う会社はあります。しかし、しばらく時間が経ってからもパーパスの共鳴を図り続けている企業は少ないです。

　弊社は、四半期ごとにこうしたパーパスの振り返りを行っています。振り返りでは、この3カ月で「自分がパーパスを体現した仕事はどんなものだったか」「パーパスと合致する行動かどうか悩んだのはどのようなアクションか」などに

ついてメンバーで話をするのです。小さな組織の場合には、この方法で問題ないですが、大きな組織に場合には、上司と部下の1on1で行うといったことも有効です。筆者が支援している人材系の企業では、3ヶ月に1回、上司と部下の1on1の中で部下のパーパスについて振り返ることをルールにしています。「このプロジェクトは、●●さんのパーパスにとってどんな意味があった?」といった会話をしていきます。

　この振り返りの機会では、「これができていない」と指摘をするのではなく、「この点はすごく頑張っていたね」「こんなアプローチも考えられるかもしれないね」「こうするともっとよいかも」といったアドバイスをするとよいでしょう。

　「できているか、いないか」を見極めなくてよいのかという考えもあるでしょう。ポイントとしては、パーパスを実現して行動できている人は、「具体的」な話をします。例えば、「地域に貢献しました」では、何をしたのかはよくわかりません。その場合には周囲から、「具体的に何をしているのか」を掘り下げましょう。そうして、全員が「こんな声を受けて商品を改良しました」や「子どもたちにこんな場をつくっています」といった具体的な実行をシェアしていくことを目指すのです。定量的に評価することが難しいからこそ、本人から聞くエピソードで定性的にパーパスの実行度合いを推し量るのです。

　また、本人がパーパスに基づいて行動できていることに気づいていないケースもあります。その場合、本人から「忙しくて、パーパスを軸に行動できませんでした」と報告される

ことになります。その場合には、周囲から「あの行動はパーパスを体現するものだったよ」など声をかけ、気づきを促しましょう。すると、「なるほど、こうした行動が大事なのか」と本人も腑に落ちて、さらにパーパス実現に向けた行動が促されていきます。

どうしてもパーパスに基づいた行動を自ら起こせなかったり、どんな実践がパーパスに基づくかがわからなかったりする場合には、「例えば、こういうのはどうでしょう？」「みんなの話を聞いて、何かできそうだと思ったことはない？」などと考えを促しましょう。

ちなみに、パーパスに基づいた行動ができているかを上司が厳しくチェックすることは、あまり意味がありません。嘘をついたりうまいことをいったりしようとして、本質が見えなくなるからです。強制ではなく、あくまで主体的に行動に移せるような環境を整えていくことが重要なのです。

6. パーパスの共鳴に関する企業事例

①インベスコ

インベスコ・アセット・マネジメント（以下、インベスコ）は、「素晴らしい投資体験を通じて、人々の人生をより豊かなものにする」というパーパスを掲げています。パーパスを策定した背景には、差別化が難しい金融業の中で「何をする

のか」だけではなく、「なぜするのか？」についてもしっかりと言語化をしていく必要性を感じたことにありました。

代表取締役社長兼CEOの佐藤秀樹氏は、弊社のインタビューの中で、「社員のみなさんがパーパスを意識できるような取り組みをしていますか？」という質問に対して以下のように答えています。

「社員一人ひとりの個人としてのパーパスを見つけるための取り組みを重視しています。今回のコロナ禍によって中断してしまっているのですが、企業のパーパスを本物にするためには、従業員の８割ぐらいは個人のパーパスをきちんと考えて、それが企業のパーパスと何らかの形でつながっていく必要があると思っています。」

インベスコの取り組みは、まさに「個人と組織のパーパスの重なり」を大切にしている例です。

ちなみに、佐藤社長ご自身のパーパスは「違う文化や価値観の架け橋になること」。幼少期を海外で過ごしたり、30代を外資系運用会社の営業職で過ごしたご経験から紡ぎ出された言葉とのこと。

「お客様の資産が増えれば未来や老後に安心が増えることにもつながるわけですから、グローバルの投資体験を日本のお客様にお届けすることにも使命感を覚えます。だからこそインベスコのパーパスである『素晴らしい投資体験を通じて、

人々の人生をより豊かなものにする』を、自分のパーパスも重視しながら達成したいと思っています」と佐藤社長は先述のインタビューで語っています。※16

②味の素グループ

味の素グループは ASV（Ajinomoto Group Shared Value）経営を実践しています。事業を通じて社会課題の解決に取り組み、社会・地域と共有する価値を創造することで経済価値を向上し、成長していくという経営の考え方を持っています。「私たちは地球的な視野にたち、"食"と"健康"、そして、明日のよりよい生活に貢献します」というミッションや「アミノ酸のはたらきで食習慣や高齢化に伴う食と健康の課題を解決し、人びとのウェルネスを共創します」というビジョンを掲げ、経営において体現している味の素はまさに筆者が考えるパーパス・ドリブン・経営の実践者です。

味の素は、ASV 経営を実践するために、従業員エンゲージメントスコアを 2020-25 年の中期経営計画の重点 KPI の 1 つに設定しました。ASV の自分事化のスコアの 2025 年度目標は 80％。これは自身の業務を通じて ASV を実践していることを、家族・知人・取引先等に話すことがある従業員の割合を示しているのもユニークだと思います。

さらに、個人の能力開発を進めながら、一人ひとりの「ASV の自分ごと化」を加速するマネジメントサイクルを回しています。このサイクルは理解・納得、共感・共鳴、実行・実現プロセス、そしてモニタリングとなっています。ASV を実

現するため、各組織ごとに組織目標を策定し、さらに個人も目標を策定しています。そして、社内SNS上で、個人目標発表会や各職場のASV向上の取り組み等をベストプラクティスとして発信しています。

ASV の取り組み

ASV エンゲージメントを高める取り組みと実績

取り組み	2020 年度の実績
1. CEO との経営計画対話	味の素（株）全組織で計 53 回実施
2. 事業・コーポレート本部長との対話	味の素（株）および国内主要グループ会社で計 75 回実施
3. 組織目標・個人目標の設定	各組織で実施
4. 個人目標発表会	味の素（株）全組織で実施
5. ベストプラクティス共有	従業員による ASV 関連投稿 359 件
6. 起業家育成 A-STARTERS	133 チーム応募、4 チーム選定
7. ASV アワード	第 5 回アワードで 7 件表彰
8. エンゲージメントサーベイでモニタリング	従業員エンゲージメントスコア 64%（2019 年度 55%）
9. 抽出した課題を次年度計画へ反映	各組織で実施

出所：味の素グループ　サステナビリティデータブック 2021,pp.59,61

第5章
パーパスの実装

1. パーパスを実装するための6つの観点

　パーパスを実装する観点として、「経営のリーダーシップ」「事業・プロダクト・サービス」「人・組織」「構造・システム」「慣習・マインドセット」「共創」の6つの項目があります。パーパスに基づいてそれぞれの「現状」と「理想」を整理していくことで、パーパスを実装につなげていくことができます。

　本章では、実装を実現する6つの観点について解説をしていきましょう。

①経営のリーダーシップ

　経営のリーダーシップとは、パーパスに基づく価値判断、優先順位づけ、実現支援などを通じてパーパスドリブンな企業への変革を促す取り組み全般のことです。経営の意思決定、ビジョン・戦略など方向性の提示と推進、ステークホルダーとのコミュニケーションなども含まれます。

　レシピサイトを運営するクックパッドは、2016年の経営陣交代以降、会社の存在意義を再定義し、それに伴って事業

目的・事業領域も再検討しました。そして 2018 年の株主総会にて、定款の中に以下の内容を追記しました。

・自社が「毎日の料理を楽しみにする」ために存在し、これをミッションをすること

・「世界中のすべての家庭において、毎日の料理が楽しみになった時、当会社は解散する」こと

クックパッドの例は、経営として自社の存在意義を明確に社内外に発信をしたものといえるでしょう。※17

②事業・プロダクト・サービス

事業やプロダクトでパーパスを表現しないと、パーパスを実装したことにはなりません。

事業の場合、新規事業と既存事業に分けて考えていくとよいでしょう。どちらかというと、新規事業の方がこれまでのものがない分、パーパスの実装を実現しやすいです。新規事業に着手することが決まったら、ロードマップをつくり、組織を編成し、新規事業コンテストや勉強会の企画を立てるなどのアクションを具体化します。1 年間のスケジュールを見渡して、具体策にどんどん落とし込んでいくのです。

ちなみに既存事業でパーパス実装のロードマップをつくっていくと、多くの社員が現業にプラスして「仕事が増えた」と認識する可能性があります。これでは、なかなかモチベーションが上がりません。既存事業に新たにパーパスのニュアンスを入れ込んでいくのには、工夫が必要なのです。

既存事業の場合には、今年・来年やろうと計画していたこ

とが既にあるはずです。そのプロジェクトと、パーパスとの接続を図っていくイメージを持つことが大事です。提供価値を再定義する、サービスの機能・品質・価格を見直す、提供スピードを早めるなど、様々な観点があります。例えば、「この改革を進めようとしているから、そこをパーパスで評価するようにしよう」「このプロジェクトをパーパスに基づいた内容にしてみよう」と考えていくのです。新規の取り組みを混ぜ合わせて、年間プランをバージョンアップしていくのです。

　例えば、弊社のパーパスは「人と社会を大切にする会社を増やします。」です。このパーパスに基づいての評価は、顧客が「私たちが関わることで人と社会を大切にできる会社になった」という軸にすることができます。四半期に１回の振り返りのタイミングで、達成状況を◎、○、△でつけていきます。もちろんクライアントの会社のニーズにお答えすることが重要なので、△がNGというわけではありません。しかし、目指していくのは「人と社会を大切にできる会社」を増やすこと。そのことをきちんと意識して、会社の方向性を確認していくことは大切です。この目標と指標はそのためのものです。

　他に、成功事例を共有するナレッジマネジメントが必要です。パーパスを実現できている人をモデリングして、何が違うのかをシェアしていけるとよいでしょう。さらに、パーパスを体現できている商品・サービスも社内で共有していくの

です。こうした事例を積み上げていくことで、「この既存商品も、このニュアンスを入れるとパーパスに近づける」「次の新規事業はこの方法でつくっていこう」という社内で様々なアイディアが生まれるようになっていきます。

③人・組織

メンバーが主体的に活動できるようにデザインをしていくことが求められます。強制ではなく、メンバーが自ら手を挙げて、パーパスを実現する仕組みを実装することが理想です。

パーパスの実装には、人事制度も含みます。しかし、人事評価にパーパスを落とし込むことは簡単ではありません。なぜならば、評価をすることによって主体的な行動ではなくなり、強制のニュアンスが強まるからです。そうすると、会社と個人の共鳴が失われていきます。

パーパスが実装されていれば、戦略や業務などは全てパーパスに基づいて行われるので、あえて人事評価にパーパスを取り入れなくても結果的にパーパスに基づいて評価をされるということになります。

また、パーパスの一致度のみで人事を決定することは非現実的ですが、重なる部分が少ない人を経営層にはしない方がよいとは思います。それは本人のモチベーションという観点からも、会社の今後の方向性という観点からも、あまり良い方向に進まないと考えられるためです。

④構造・システム

パーパスの実現に向けて、ビジネスを支える組織の物理的形態、環境、プロセスなどの要素を適切な形に移行することが重要です。意思決定プロセス、業務フロー、物理的環境（オフィス環境、空間）、情報へのアクセス権限・流れなどが含まれます。

ガイアックスは、「Empowering the people to connect ～人と人をつなげる」というミッションを掲げ、スタートアップ支援、ソーシャルメディア領域、シェアリングエコノミー領域で事業を展開しています。

そのガイアックスのオフィスは、「日本で一番シェアを体験できるビル」というコンセプトのもと、人と人との交流に重点を置いたものとなっています。具体的には仕切りのない開放的な執務フロアやフリースペース、イベントスペースなど人々が交流しやすいような様々な空間をデザインとなっています。人と人がつながるという存在意義をオフィス空間丸ごとで表現している実装の例です。※18

⑤慣習・マインドセット

パーパスが策定されることで、従業員の日々の振る舞いが変わっていきます。パーパスを軸にすると、「こうした行動は取るべきではないな」「こうした行動が求められているな」と自覚していくようになるのです。次第にそれが自社の慣習

や文化へとつながっていきます。社員の日々の行動が変わり、パーパスがカルチャーとして根づくことで、パーパスを実装していくことができるのです。

　スターバックスは「人々の心を豊かで活力あるものにするために－ひとりのお客様、一杯のコーヒー、そしてひとつのコミュニティから」という言葉を掲げています。従業員は顧客に対して最高の体験を届ける役割であると定義し、全ての従業員をパートナーと呼んでいます。また、あえて接客マニュアルをつくらず、お客様にいかに豊かな時間を過ごしてもらえるか考えることを促しているという例は有名です。

　パーパスを企業文化として定着させる施策として、筆者は合宿の対話会の中で「パーパスを企業風土に組み込むにはどうしたらよいか」「一人ひとりにどのような慣習を定着させたいか」など対話の機会を設けたことがありました。そこで出された案を具体的に社員の日々の行動に落とし込んでいくのです。

⑥共創

　共創とは、パーパスが持つ世界観を発信したり、パーパスに関連する組織の垣根を超えた現場訪問・体験、社外でのプロジェクト立ち上げなどを通して、パーパスの実現を目指していく取り組みです。

　パーパスを自社だけで実現するのではなく、社外の企業や個人を巻き込みながら、その世界観を築いていけるとより実

装につなげていくことができます。「社外とコラボレーションしてパーパスを実現する商品をつくる」といった社外との共創を具体化することで、パーパスの実装が加速化します。1 社で行うよりも一層大きなスケールで社会貢献をしていくことができます。例えば、「メーカーとスポーツチームが組んで新商品を開発する」、「開発途上国の NPO と連携して社会貢献できるプロダクトを構想する」といったことが考えられるでしょう。

　共創の取り組みは商品開発だけではありません。「サステナビリティを暮らしの“あたりまえ”に」というパーパスを掲げるユニリーバ・ジャパン（以下、ユニリーバ）は、組織の垣根を超えた資源循環推進プロジェクトを行っています。
　ユニリーバはパーパスに基づき、2025 年までに「プラスチック製容器をリサイクル・リユースできるものか、堆肥化できるものにする」「使用するプラスチックの 25％以上を再生プラスチックにする」と宣言しています。この宣言の達成に向けた取り組みのひとつとして、日用品のプラスチック容器包装の資源循環の推進のために、ESG 戦略「Kirei Lifestyle Plan（キレイライフスタイルプラン）」を標榜する花王と組んで、東京都東大和市でプロジェクトを開始しました。「みんなでボトルリサイクルプロジェクト」と題し、使用済みボトル容器を新たなボトル容器に再生する水平リサイクルを実施しています。競合やセクターの違いを超え、パーパスに共鳴した様々なステークホルダーとお互いの強みやリ

ソースを持ち寄りながら協働・共創を進めた実践例だといえ
るでしょう。※19

Column

SDGs 達成を事業目標に取り入れる

　キリンホールディングスは統合報告書に「SDGs の取り組みに関する 3 つのパーパス」を示しています。具体的には、「【健康】健康な人を増やし、疾病に至る人を減らし、治療に関わる人に貢献する。」「【地域社会・コミュニティ】お客様が家族や仲間と過ごす機会を増やすとともに、サプライチェーンに関わるコミュニティを発展させる。」「【環境】ポジティブインパクトで、持続可能な地球環境を次世代につなぐ。」を挙げています。大きく「健康」「地域社会・コミュニティ」「環境」に貢献することを伝えているのです。また、「酒類メーカーとしての責任」の部分で、「全ての事業展開国で、アルコールの有害摂取の根絶に向けた取り組みを着実に進展させる。」を掲げています。パーパスにもとづいた事業を行うことを明確化しているのです。

　このように、SDGs をベースに自社の社会的意義を策定していく企業は今後増加していくと考えられます。その背景となるのは、2017 年に経団連が出した「企業行動憲章」で、SDGs の達成に向けて、企業が社会の実現を牽引する役割を担うことが示されたためです。もちろん、世界的にも 2030 年に向けて SDGs 達成と自社の経

営を関連づけることが求められています。こうした動き
はより活性化すると考えられます。

キリンホールディングス　CSVパーパス

出所：キリンホールディングス　ホームページ
　　　https://www.kirinholdings.com/jp/purpose/csv_purpose/

【ワーク】パーパスに基づく変化を記入する

　以下の 6 つの項目に自社の「現状」と「理想」を記入しましょう。パーパスを起点に記入ができているかを確認しつつ、埋めてみてください。

6 つの項目の現状と理想の整理

	現状		理想
経営のリーダーシップ		▶	
事業・プロダクト・サービス		▶	
人・組織		▶	
構造・システム		▶	
慣習・マインドセット		▶	
社外との共創		▶	

　以上の 6 つの観点で実装されてはじめて、社員はパーパスに本質的に「共鳴」します。会社のパーパスが「人の創造力を高める商品をつくります」だとしたら、具体的にそれに基づいた商品をつくってやっと社員は腑に落ちます。社員が、「うちの商品で創造力なんてあげようがないよね」と思っていたら、実装とは程遠いでしょう。新しくパーパスをつくったのであれば、今までになかったビジネスをやらなければ辻

褄が合いません。社員のマネジメントの部分でも、「創造力を刺激するように、カジュアルな服装を奨励するようにしよう」、あるいは「デスク以外に思考にふけるリラックススペースを設けよう」といった施策が考えられるでしょう。

　このように、経営のすべてがパーパスに基づいて行われることで、パーパス・ドリブン・経営を実現していくことができます。「パーパスをつくって会社は変わりますか?」と聞かれることがありますが、むしろ変わらなければおかしいのです。あらゆる領域でパーパス・ドリブンを実現し、社員にとっても社会にとっても掛け替えのない存在である会社を目指しましょう。

Column

パーパスの一致を測るアセスメント

「会社と個人のパーパスが一致しているかを、どのように見極めればいいですか？」というご質問を多くいただきます。そこで弊社では、会社と個人のパーパスの一致度を測定する「パーパスの一致度に関するアセスメントについて」をご提供しています。

パーパス一致度を高めていくためには「①測定・現状把握」「②介入すべき層・課題の明確化」「③施策立案・実行」のサイクルを回し続けることが重要です。パーパスの一致度は、目に見えるものではないため、特に「①測定・現状把握」が重要です。

「パーパスの一致度に関するアセスメントについて」では会社と個人のパーパス一致度を高めていくために、「A. 従業員個々人がどれほど会社パーパスを自分ごととして捉えているか（共鳴度）」「B. パーパス一致度を高めるための経営の方向性＆サポートは十分か」「C. 従業員個々人のパーパスは明確か」の3点を、十数個の設問によって測定していきます。

詳細は、右のQRコードよりご覧ください。

2.「実装」が特徴的な企業事例

　以下、6つの観点でそれぞれ企業の実践事例を紹介します。

①経営のリーダーシップの例

　ベネッセコーポレーション（以下、ベネッセ）では、2020年に、「社会の構造的課題に対し、その解決に向けてどこよりも真摯に取り組んでいる姿勢に共感できる存在」と「自分が一歩踏み出して成長したいと思った時にそばにいてほしい存在」というパーパスを策定しました。パーパスの言葉が2つになった理由は、お客様にとって必要な企業であると同時に、社会にとっても必要な企業であることが存在意義であると考えたためです。

ベネッセのパーパス

出所：ベネッセコーポレーションのパーパス　https://www.benesse.co.jp/ism/

ベネッセでは各事業部で事業計画を立案する時の１ページ目に、各事業部のパーパスが記載されています。それによって「パーパス実現に向けて、現状とのギャップは何か、重点実行施策は何か、KPI は何か」「その実行に必要な組織の在り方とは」という風に、パーパスがすべての議論の起点になっています。こういった議論は、経営と事業・コーポレートの全部門の間で行われるときには「もっとこういう存在意義が必要なのでは？」という話にもなるそうです。

ベネッセのこの取り組みは、パーパスを起点として、経営、そして各事業のリーダーシップが一貫して取られているという例です。

また、日本企業のパーパス策定の先駆けとなったソニーでも、「クリエイティビティとテクノロジーの力で、世界を感動で満たす」というパーパス策定後、「どの事業トップも何かを発信するときに必ずパーパスを話すようになった」という変化があったといわれています。※ 20

次の事例である NEC は、パーパスを策定し、社内で共有するプロセスにおける、経営者の強いリーダーシップを学ぶことができます。

NEC がパーパスを発表したのは 2020 年４月ですが、すでにその原型は 2012 年から経営陣の間で継続的に検討されていました。2008 年に策定された NEC Way を当時の経営陣が腹落ちする内容としてまとめ、「NEC の存在意義」を表現

したものです。

当時 NEC は PC-8801 や PC-9801 をリリースしてきたパソコン事業や N シリーズの携帯電話事業、インターネットプロバイダー事業など、これまで NEC のブランドを支えてきた事業の見直しなど、かつてないほどの経営判断を迫られる状況でした。当時の遠藤社長が選抜した 12 人の経営陣が役員合宿を行い、NEC の存在意義（Purpose）や今後の生きる道（NEC Way）について対話を重ねました。難しい経営判断を迫られることが多い時期、役員が一枚岩になる必要がありました。

そのため経営陣全員ではなく、腹を割って話せるよう、通常の会議とは異なり選ばれた役員のみが参加し、同席する社内関係者も最小限に絞られました。本音で議論ができるよう、役員合宿の内容だけでなく存在自体も、社内に対しても積極的に公開しませんでした。

細かなアジェンダや資料をほとんどつくらず、大事なことだけを議論できるようにシンプル化し、スタッフも極力減らして 1 ～ 2 人で運営するようにしていました。また、詳細な議事録をとると口が重くなってしまうので、いかにも「議事録をとっていますよ」というような雰囲気を出さず、会議も役員会議室ではなく、フラットかつオープンに議論できるスペースで実施しました。

実際にファシリテーターを務めていたコーポレートコミュニケーション本部 兼 経営企画本部の浅沼孝治氏は、常にヒエラルキーを気にせず話してもらえるような場づくりに留意

したといいます。また、対話中は「ヒエラルキーは一切考えず、全員が社長として発言してください」と伝え、予定調和的発言、忖度が減るようにしていました。

役員合宿では、NECの生きる道（NEC Way）から話し合われました。「NECは何の会社か？」、「どんな価値を提供すべきか？」といった自社の存在意義（パーパス）について対話がされました。今後さらに成長していくために、日本だけでなく世界で役に立つ企業、世界から求められる企業になるために何が必要かを探求したのです。

対話の目的は、意思決定ではなく、コンセンサスビルディング。経営陣でだいたい7割までは合意するけど、3割は違いがあっていいというスタンスです。結果的に、一番大事なところだけはコンセンサスが出来上がったといいます。こうして変革の中核となる一枚岩になった経営チームが形成されたのです。

NECのパーパスは情報通信システムの提供を通じて人々が意思を通じ合い相互理解が深め、より豊かな世界が実現するというニュアンスが含まれています。そのためお客様は世界中の人々です。また役員合宿には日本に留学に来ている世界中の人たちを招待して、その国の事情を改めて学ぶということもありました。

また、事業開発のための考え方や、自身の行動そのものをイノベーションさせるような機会もつくりました。こうして様々な刺激を受けた役員の中から、新事業開発を主導する組織の長や、海外企業のM&Aを実現した人が生まれています。

2020年にはNECは先述のようにNEC Way、2021年には
それを基本に置いた中期経営計画、NEC 2030VISIONを発
表し、その実現に邁進しています。※21

NECの株価の推移（月足）

出所：SBI証券ホームページで検索

②商品の例

　ミツカングループは、「未来ビジョン宣言」（筆者はパーパ
スとしての内容を含んでいると判断しています）を体現する
ために、ZENB initiative を立ち上げました。現時点（2021
年10月）では、野菜の芯や皮まで全部活用した野菜スティッ
ク（栄養補助スナックのようなもの）やソース・ペーストや
豆100%でつくったヌードルが主なラインナップです。野菜
の芯や皮には栄養素や食物繊維が多く含まれていますが、通
常では廃棄されてしまいます。

　そこにミツカングループは自社のパーパスに沿ったイノ

ベーションの機会を見出しました。ミツカングループがもともと持っていた、素材を濃縮したり、なめらかにすりつぶしたりする技術を活用し、野菜や豆などの素材の甘味や旨味、香りを引き出しています。そして、栄養素をたくさん含んでいるにもかかわらず、固くて食べられていなかった皮や芯、種、さやまで、すりつぶし、なめらかな食感を生み出しています。その結果、素材全体の栄養をおいしく食べるだけでなく、自然の恵みを無駄なく、余すことなく活用することになり、人の健康だけでなく、より良い社会や地球環境にも貢献できると考えています。

　実際に筆者も購入していますが、もちろん味もおいしい。ミツカングループは「未来ビジョン宣言」の中で「おいしさのために健康を損なわない。健康のためにおいしさを犠牲にしない。ミツカンは、食の価値、調理、食べ方、食べる時間と場所などあらゆる食シーンを様変わりさせていきます。」と述べています。まさに「未来ビジョン宣言」で掲げられている「人と社会と地球の健康」と「新しいおいしさで変えていく社会」を実現する、環境負荷低減と新しい食生活を提案しているのが ZEMB initiative なのです。付け加えると元々ミツカングループは酒粕からお酢を製造するというのが祖業です。ZEMB initiative はミツカングループにとってパーパスを実現する、古くて新しい取り組みです。※22

　第6章ではパーパスを経営に実装し、商品を生み出した企業を多く紹介します。

③人・組織の例

　FiNC Technologies（以下、FiNC）は、2012年に設立された予防ヘルスケア×テクノロジーに特化したヘルステックベンチャーです。ビジョンとして「Design your wellness」一人ひとりが、自分らしい豊かな生活を描ける世界に、ミッションとして「Empower people to enjoy a healthy life with useful data」一人ひとりのデータを用いて「行動変容」を促し楽しく健康的な生活を提供する、バリューとして「Over Achieve , Open Mind , Customer Success」を掲げています。（直接パーパスという言葉を使ってはいませんが、自社の存在価値や社会的意義を探求するパーパス・ドリブン・経営を実践しているため、ここで紹介します。）

　2019年12月にFiNCの代表取締役CEOに就任した南野充則氏は、筆者の取材で、着任当初は元々のビジョン・ミッションをあまり発信することはなかったと話していました。しかし、社員から「将来どんな会社になるんですか」という質問が来るようになったことをきっかけに、改めて自分自身が腹落ちするビジョン・ミッションにつくり直しました。約半年かけて出来上がった新しいビジョン・ミッションを、南野氏が1時間かけて社員の皆さんに直接説明したところ「南野さんの思いが伝わった」「会社が目指す方向がわかった」といった声がたくさん寄せられたそうです。

　FiNC は、人・組織のマネジメントの様々な場面において、ビジョン・ミッション・バリューを活用しています。例えば、社内の朝会は、メンバーにビジョンが浸透するよう南野氏が必ず最後に「Design your wellness」という言葉を発して終わるようにしています。また、採用の場面では、面接に来た方に「FiNC はこういうビジョンを目指しています」という話を伝えています。

　さらに、ビジョンの発表直後から、社内コミュニケーションツールの Slack で、社員のみなさんが独自に「Design your wellness」というスタンプをつくり、みんながそのスタンプで反応するようになっています。

　他にも、OKR（Objectives= 目標 と Key Results= 主要な成果によって、高い目標を達成するための目標管理のフレームワーク）で目標設定をする際に、業績の目標を立てるだけではなく「どういうバリューを自分は伸ばしたいのか」を考える機会を設けています。今後は、バリューを体現した人を表彰する制度を設けたり、評価制度にもバリューの観点を盛り込んでいくことを考えています。

　南野氏は「現在は、7 割位の社員がビジョン・ミッションに共感してくれていると思っている。より共感できる人を増やしていきたい」と語っています。

④慣習・マインドセットの例

　次は再び NEC の事例です。NEC はパーパスの実現に必要

な日常的な考え方や行動の在り方を示した行動基準を策定し、それは社員に広く共有されています。2016年、新野隆社長が就任。新しい中期経営計画を打ち出しましたが、その初年度に中計を見直す必要に迫られました。その際に、計画を立てるだけで実行力が伴っていないことを痛感し、2018年に再び発表した中期経営計画の中で、実行力の改革を経営の柱の1つに据えることになりました。新野社長は、背水の陣の覚悟で社内改革に取り組み、企業文化を変えることで強いNECをつくることを目指しました。社内には「大企業病からの脱却、官僚主義の排除、フェアな評価・報酬制度の導入」を宣言し、その流れを推進していく組織として、カルチャー変革本部をつくりました。具体的には、「経営陣の役割を明確にし結果へのコミットメントを強化すること」、「実行した人が報われる、賞賛される評価・報酬制度を導入すること」、「多様なタレントを幹部・社員に積極採用・登用していくこと」などを進めていきました。

　当時の評価・報酬制度の中で役員クラスに対しては曖昧な部分であるという観点からメスを入れることになりました。その流れと同時に、実行した人が報われる、賞賛される評価・報酬制度のための評価基準もつくり直しました。そして、役員の1年契約制も導入し、1年間で果たすべき役割を明確にしました。職務の現状を棚卸し、客観視した上で、役員たちに次の1年間で果たすべきコミットメントを考えてもらいます。結果、各役員の職責が明確になり、最近では役員は成功

者が得るポジションではなく、業務の KGI や KPI が明確な
ジョブ型の運用に変わってきています。

2018 年に発表された「Code of Values（行動基準）」はす
べての社員が体現すべき日常的な考え方や行動のあり方を示
した行動基準です。「NEC グループとして、今後どんな行動
にフォーカスしていくべきか」「どんなルールに従って採用・
人事評価・育成を行うか」の基準を策定したい。そうした想
いで Code of Values はつくられました。その後、2020 年に
発表された NEC Way の一部となり、パーパスで目指す「社
会価値の創造」と「人間性を十分に発揮する社会」を実現す
るために必要な日常的な考え方や行動の在り方を示した行動
基準として定義されています。

Code of Values の伝え方も工夫しています。ポスターや社
員に配るカードの作成はもちろんのこと、通常行われるよう
に中間管理職を通じて伝えるのではなく、「Code of Values
ロードショー」というワークショップを通じて伝えることに
したのです。

「Code of Values ロードショー」では、最初に浅沼氏らカ
ルチャー変革本部（当時）メンバーが登壇し、「VUCA の時
代に、リーダーたちはどんな考え方で組織をリードしている
か」「フィックスド・マインドセット（人間の能力は固定的
で変わらないという前提）とグロース・マインドセット（人
間の基本的資質は努力次第で伸ばすことができるという前
提）」「なぜ今 Code of Values が必要なのか？」といったトピッ

クスを説明しました。その後、参加者は5人程度の小グループに分かれ、部屋にはテーブルはなく椅子だけ設置し、ポストイットに自分の考えを書き、お互いに共有し合うというオープンダイアローグを行いました。

浅沼氏は次のようにいいます。「まずは、会社や組織の現状にとらわれず『どんな働き方が理想か』など、答えが出やすい話題から始めます。そこから、組織が抱える課題、Code of Values をどう活用していくかという議論へ発展させ、最終的には『組織のあり方』『個人として心がけること』をひとりひとりに考えてもらいました」

以前、評価の軸は業績における成果のみでした。この Code of Values は、3年間で会社の中で広く共有され始め、Code of Values の意味や重要性が理解されています。「これを使って人を育成していくんだ。評価していくんだ」という認識が広まっています。※23

図表：Code of Values

視線は外向き、未来を見通すように
思考はシンプル、戦略を示せるように
心は情熱的、自らやり遂げるように
行動はスピード、チャンスを逃さぬように
組織はオープン、全員が成長できるように

出所：NEC ホームページ　https://jpn.nec.com/profile/corp/necway.html

⑤構造・システムの例

　ミツカングループは ZENB initiative を推進するために別会社、株式会社 ZENB JAPAN（以下、ZENB JAPAN）、を設立しています。マーケティング部門や開発部門なども、ミツカングループの既存の事業会社とは別の組織体で運営されているのです。既存の組織、ビジネスモデルにとらわれない、新しい発想のでてくる組織にしようと考え、スタートアップ企業のように素早く PDCA を回せる小さなアジャイルな組織にし、デジタルの仕組みや人材等、新しいやり方を試すのが目的です。

　そのため、ミツカングループ代表である中埜和英氏に事業の責任者として任命された濱名社長の下に直轄で各ファンクションのリーダーがいるというフラットな組織構造です。ファンクション間に上下もありません。社長とリーダーがなるべく生活者や現場に近くなるための構造です。

　人事戦略としては、外部人材を積極採用しています。評価基準は、単に業績ではなく、定性的なプロセスの結果の重みを大きくし、目先の業績より長期的なパーパスの実現に意識が向くような評価体系を構築しています。特に初期はこの傾向が顕著でした。

　オフィスは、デジタルコミュニケーション系のチームは新しい発想を持てるように、ミツカングループのオフィスビルとは別のオフィス（シェアオフィス）を使っています。北米の ZENB チームも、既存の北米のミツカングループの事業

会社とは別のロケーションにオフィスを構えています。

　業務プロセスもユニークな設計をしています。通常は
R&D 部署かマーケティング部署のどちらかが企画し、どち
らかがその企画を実現するという仕事の流れが多いと思いま
す。ZENB の商品開発は、R&D からも発案ができるし、マー
ケティングからも発案が可能という組織を目指しています。
組織同士が対峙するのではなく、生活者に組織がしっかりと
向き合うような組織をつくろうとしているのです。

　ZENB は消費者との関係づくりも今までとは異なる新しい
取り組みにチャレンジしています。ZENB は一般の小売店で
は販売されていません。新しい食生活の提案がそもそもの目
論みです。そのため消費者へダイレクトコミュニケーション
し、ネット上のみで販売しています。単に商品を売るだけで
は、パーパスを実現したことにならないのです。新しい食生
活を ZENB というブランドの中でお客様に提案し、生活そ
のものを新しくしていくことがパーパスの実現になります。
豆でつくったヌードルは生活の中で定番化されることを目指
しています。ZENB は定番化されて初めて、食生活が変わっ
たといえるからです。今後も定番化を目指した商品を開発し
ていこうとしています。

　ZENB JAPAN は商品を開発、製造、販売するだけではな
く、新しい食生活を提案する仲間を集めています。ホームペー
ジには独創的な料理をつくる有名シェフ、新しい食文化を提
案するフードプロデューサー、食事を通じて禅を伝える僧侶

等、志を同じくする人々の記事や動画が溢れています。ZENB JAPAN 社長の濱名氏はこう語ります。「現在、実際に商品を使っていただいている方にお会いし、ご意見を色々と頂戴し、仲間になっていただいたり、そういう方々に一緒にビジネスに協力いただいたりと割と地道なことをやっています。それが重要ではあるとも思っています。今はまずはそういう地道な仲間を増やす活動をやっている段階ですね。自分たちだけでできることは限界がありますので、ゆくゆくは是非色々なパートナーと一緒に新しいチャレンジができると良いなと思っています」。まさに ZENB は initiative（問題解決に向けた新たな構想、取り組み）なのです。※ 24

　次にご紹介したいのは、日本最大級の不動産・住宅情報サイト「LIFULL HOME'S（ライフル ホームズ）」の運営を手掛ける LIFULL では、パーパスである存在意義を経営に実装するための全社的な仕組みが取り入れられています。※ 25

　クリエイティブ戦略室　ブランドマネジメントグループ長宮田大介氏にお話をお伺いしました。

1　LIFULLの存在意義は社是と経営理念から構成

　2020 年 10 月からの中期経営計画では、「LIFULL とは何か」という存在意義と価値の見直しを図り、社会課題の解決を事業の中核に据えようということで意思統一を行い、社会課題を解決する企業として新しいサービスを積極的に拡充していこうという呼びかけがなされています。

LIFULL の存在意義は社是と経営理念。社是は「利他主義」。
経営理念は「常に革進することで、より多くの人々が心から
の「安心」と「喜び」を得られる社会の仕組みを創る」。こ
の2つは会社が存在する限り変更することはないとホーム
ページで述べられています。

LIFULL グループのビジョン

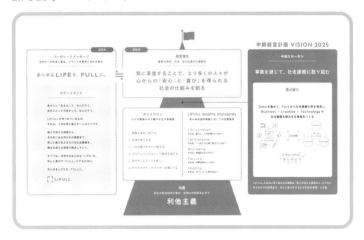

出所：LIFULL 提供資料より

2　LIFULLの価値観共有の取り組み

　LIFULL は創業当時から、利益や売り上げ偏重型でなく、
社会に貢献できる仕事をやっていこうという考え方の会社で、
社是にもある「利他主義」への共感性が強い風土があります。
そのため以前から、価値観の共有を図るため様々な工夫が行
われていました。例えば、トップの考えを共有する「ビジョ

ンシェアリング」を月に1度開催したり、自主的に集まったメンバーが自らワーキンググループを立ち上げ、ビジョン浸透に関する課題の抽出とその解決アプローチに取り組む「ビジョンプロジェクト」も運営されました。また、「コンパ」と名づけられたイベントを年に4度実施したり、「1on1」と呼ばれる各部署でのミーティングを週に1月に1回実施していて、こちらは上司部下のあいだでビジョンに基づいた大枠の話から家庭の悩みまで、ざっくばらんに話す機会になっています。

3 全社員が参加する「コンパ」

「コンパ」には社員全員が参加しています。社員同士の交流や哲学的な議論を通して社員が自身の業務・ビジョン・仕事観・人生観なども含め改めて考え、気づきを得る機会を提供しており、質問や議論を重ねていくことで、新たなサービスを生み出す素地を築いています。ボトムアップで企画を上げる体制や視点を大切にしているのです。

4 新規事業提案制度「SWITCH」

「SWITCH」はLIFULLの社内新規事業提案制度で、子会社グループ会社を含む全従業員、内定者から年間150件以上の新規事業提案が寄せられています。LIFULLトランクルームはこの新規事業アイデアコンテストから生まれました。当時新卒2年目だった奥村周平氏が、自身がトランクルームを探すのに苦労した体験から、「トランクルーム物件を網羅し

たサイトをつくったら助かる人も多いはず！」と思いたち、「SWITCH」に応募したことが事業の始まりです。奥村氏は、現在この事業を運営する LIFULL SPACE の代表取締役。LIFULL トランクルームは総掲載施設数ナンバーワンを誇る事業に発展しています。※26

5　社員の社会貢献活動を支援する「One P's（ワンピース）」

　LIFULL ではこのように、全社員を巻き込んだ取り組みを行っているのですが、社会課題に着目し、それに対するアイデアが生まれたとしても、行動に結びつかなければ意味がありません。その行動の機会を会社として提供すべきと考えた LIFULL は「One P's」という制度を設けています。これは、社員が特別有給休暇を使って社会貢献活動に参加することを支援するプログラムです。会社の制度として支援すれば、行動に移すハードルが下がるだけでなく、同じ課題に向き合う仲間も集めやすいため、活動に必要な戦力を補いやすくなっています。

　「One P's」の制度を活用して生まれた事業として、LIFULL HOME'S が運営している「FRIENDLY DOOR」という住宅弱者の支援サービスがあります。最初から事業の計画があったのではなく、発端は貧困層や外国人、LGBTQ 当事者の住居問題が課題意識としてあり、誰もが別け隔てなく住居を探せるようにという思いから発案されたサービスです。

6　企業の取り組みである以上、事業化できなければ意味がない

　パーパスに基づいた社会課題解決に対する強い想いがあり、それを実現化できる会社の制度が充実していても、活動が慈善活動に留まっていてはサステナブルではありません。ビジネスとしていかに実装させるかという視点も重要です。LIFULLは既存のビジネスとの親和性から実現の可能性を模索していくことも重要だと考えており、「ソーシャルイノベーションフォーラム」というプログラムを実施しています。「向き合う社会課題は何か」「それを解決するうえで問題になっていることは何か」「解決のために何をするのか」を、4日間かけて徹底的に話し合っているのです。

　幅広い領域で事業を行うLIFULLにおいては、テーマ設定は不可欠で、とりわけ重きを置いているのは、高齢化社会、地方創生、住まいの問題などになっています。また、社会課題を解決するために自社に使える強みがあるのかどうかは大きな問題であり、もしないのであれば、どう補完するのかを全社的な視点で議論しています。

　そもそもLIFULLに新たに入社する人材は、最初から社会課題に対する関心、理解度が高い方が多いのですが、それでも入社後、社会課題について考える機会が多いことに驚くといいます。LIFULLでは、篝火（Beacon）として、パーパスを掲げるだけでなく、それを経営を実装する現実的な仕組みを構築しているのです。

⑥共創の例

　ADK ホールディングス（以下、ADK）は、社会的存在意義（パーパス）として『すべての人に「歓びの体験」を。』を定めました。

　ADK の植野伸一社長は、パーパスに込めた思いについて筆者による取材で以下のように話をしています。

　「我々の仕事は、ブランドを創って、好きになっていただいて、購買してもらうというところに伴うものが多いのですが、差別化できにくい環境になってきていると考えています。ブランドの価値をあげるために大切なのは「体験」です。例えば、食品であれば食べる体験や、食べることを楽しく感じられるような場を提供するということが、その商品のブランド力を高めたり、買って頂くきっかけになると思うんですね。生活者の方に、色々な生活導線の中で、楽しい・豊かな体験、歓びの体験をどのように提供していくかを追求することが我々の存在意義になっていくんだというふうに思っています。」

　「共創」の例として、ADK は、2021 年 5 月に国連人口基金（UNFPA）（以下、UNFPA）とコミュニケーションの分野でパートナーシップ契約を結びました。UNFPA は、女性や少女たちの命と人権を守る取り組みを世界約 150 ヵ国以上で活動している国連機関です。

　ADK は、広告コミュニケーション領域において、企業の様々な課題に対して最適なソリューションを提供してきた知

見を活かして、UNFPA が実施している活動への認知を日本国内で広め、ブランディングしていく戦略パートナーとして、無償で支援を行っています。

　植野社長は「このパートナーシップを通して、ADK としてどのように社会貢献をしていくのか、歓びの体験をどういうふうに提供していけるのかを考えてやってみようと思っています。社員からも、私もやってみたいです、という声が複数挙がってきています」と話しています。

第6章
パーパス・ドリブン・経営を実現する企業事例

「Life-long Ink」のビジョン（パーパス）に対する共感を創り出し、実装する

株式会社ワコム代表取締役社長兼CEO
井出信孝氏

ペンタブレット、液晶ペンタブレット、デジタルペンを使ったインターフェーステクノロジーを牽引する東証1部上場企業。映画やアニメ、オートデザイン、マンガに至るまでクリエイティビティを支え、グローバルに展開。2018年に「Life-long Ink」のビジョン（パーパス）を掲げる。

　映画・アニメのクリエイターなどプロ向けペンタブレット市場で世界シェアトップのマーケットリーダー、株式会社ワコム。代表取締役社長兼CEOを務める井出信孝氏に、ビジョン（以下、パーパス）「Life-long Ink」策定への思いや、具体的な実装の方法について話を聞きました。

【発見】 **一人ひとりの人生に寄り添うパーパス**

　2018年にCEOに就任した時に、現在、理念（パーパス）として掲げている「Life-long Ink」が閃きました。私たちのような事業をしていると、技術やテクノロジーがベースとなったパーパスになりがちです。しかし、「もっと人間に向

き合いたい」「人間ならではの価値を提供したい」という思い、そして一過性ではなく「一生かけて伴走し続けるような存在でありたい」という思いから、「Life-long Ink」を策定しました。

「Life-long Ink」は、「人間の背負い水」という言葉からイメージして生まれました。「人間の背負い水」とは、人が誕生する時、自分が一生に遣う水を背負って生まれてくるという教えです。その背負い水がインクと重なり、赤ん坊の頃から死ぬまで、人はその人が持つインクを使い何かを描き続けている、そしてその人が亡くなった後も描いたものは残り続けていくとイメージが広がりました。人生とは、その人の「背負いインク」で描き続ける旅路なのだと感じたのです。

ワコムは書く・描くという自己表現を通じて、人の一生に寄り添い続ける存在でありたい。私のそんな思いから、「Life-long Ink」という言葉を会社のパーパスとしたのです。

【共鳴】 グローイングビジョンとしてパーパスを響かせる

「Life-long Ink」を社内に響かせるために大事にしていることは、「グローイングビジョン」とすることです。理念を設定して、3年経ちますが「正直まだよくわからない」といわれることがあります。それは、私自身があえて「Life-long Ink」について丁寧に解説していないからです。

私は「パーパスの意味はこういうものです」と伝えるのではなく、社員一人ひとりがその意味を紐解いて、自分の腹に

落としていくことが重要だと考えています。そのため、「あなたはどう感じますか？」「あなたは『Life-long Ink』をどう解釈しますか？」とオープンクエッションで尋ね続けていくことを大事にしています。

固定化された会社の理想のイメージを提示し、全員でそこに向かって一斉に歩むのではなく、社員それぞれが「Life-long Ink」の意味を育ててほしい。そんな思いから、共鳴と実装をともに進めていくようにしています。

【実装 1】 5 つの戦略軸へパーパスを落とし込む

ワコムが掲げる 5 つの戦略軸

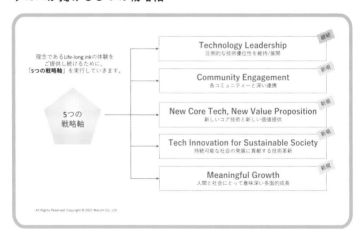

出所：ワコム提供資料より

2021年5月に発表された中期経営計画では、「Life-long Ink」を実装すべく戦略軸を打ち出しました。「Technology Leadership」以外は、新たに戦略の柱として加えたテーマです。この戦略は「Life-long Ink」を実装し、加速させるものです。

その中でも、特に「Meaningful Growth（人間と社会にとって意味深い多面的成長）」についてお伝えします。本来、自然界での成長とは、木が繁り、さまざまな花が咲き実がなり、多様な動物が住み育まれていくことです。それこそが、豊かな生態系であるはずです。

しかし、これまでの企業は財務的な成長という1本の道筋しか用意されてきませんでした。3ヶ月に1回いかに財務的な成果をあげたかが問われ、1分1秒刻みで浮き沈みする株価に一喜一憂する。この一つの指標だけが、本当に企業の価値なのだろうかという点に私は大きな違和感を持ったのです。

「Meaningful Growth」は、パーパスによる成長はより多様であるという考えから、設けたテーマです。決算発表での戦略の説明では、投資家の皆様に対して、営業利益目標の提示をせずに、「私たちは『Meaningful Growth』を目指します」という点を強調してお伝えしました。そして、「投資家の皆さんも一緒に考え、目指しませんか？」とお伝えをしたのです。多少の反発はあるかと想像していましたが、結果的には共感される割合の方がずっと高かったです。投資家の方と1対1でお話をしていると、数字の話も出ますが、『Meaningful Growth』の話をしましょう」と言い出してくださる方まで

出てきています。

　投資家も、財務面への強化だけではない方向へ関心が向かっているのではないかと感じています。

　もちろん、営業利益をきちんと出し、余裕がなければ多様な成長を促していくことはできません。営業利益と「Meaningful Growth」の実現は分離しておらず、一緒に求めていく両輪なのです。

【実装 2】「10+1」で個々の生きざまに寄り添う

　自分のパーパスと企業のパーパスが一致することは非常に重要なことです。私自身も、自社のパーパスと自分の生きざまが一体化するタイミングがありました。同化することで、その達成に向けて、自分でも信じられないぐらい無尽蔵のエネルギーが湧いてきました。

　そこで、社員にも自身のパーパスと会社のパーパスを重ねる体験ができるとよいのではないかと感じるようになったのです。もちろん、全員に私のように完全にパーパスを重ねることを求めるわけではありません。それは不自然なことですし、現実的でもないでしょう。

　しかし、「究極まで個の生きざまに寄り添う」ことを重視して、それを「Life-long Ink」のパーパスと響かせることは、会社にとっても個人にとっても幸せなことであるはずです。

　具体的には、「社内向けに4年間で絶対に起こすこと10+1」を掲げて、最初の10個はお客様や社会に対する価値

提供の体験の実装で、「+1」は私から社員に向けたコミットと位置付けています。コミットとはつまり、「個人の心からしたい体験」をできる環境を用意するということです。自己表現をする中で、「Life-long Ink」を社員が自分の解釈へと落とし込んでいくことができます。

　1,200人の人生に寄り添うことは簡単なことではないですが、「究極まで、あなたの"個"の生き様に寄り添う。そういう働き方や仕組み、システムを全部作っていく」と宣言し、実装しています。

【実装3】　一般社団法人「コネクテッド・インク・ビレッジ」の発足

　2021年2月に「アート、テクノロジー、学び」に関わる人を中長期および社会的な視点から、持続的に支えていくための団体、一般社団法人「コネクテッド・インク・ビレッジ」を設立しました。私は、プロフィットのワコムとノンプロフィットとの「コネクテッド・インク・ビレッジ」を両輪として運営していきます。

　コネクテッド・インク・ビレッジは、「芸術およびアートを通じて表現される、人間としての深みの追求」「新しい学びの価値観の探求と推進」「それらを支えるためのテクノロジーの実装や、さまざまなコミュニティーとのコラボレーション」を追究し、取り組みを行う組織です。団体にワコムは2億5千万円の寄付金を拠出。複数のプロジェクトを運営

や関連コミュニティの構築などによって、新しい文化や価値を提案していきます。

パーパス「Life-long Ink」に基づいた「Meaningful Growth」を追求する団体といえます。

コネクテッド・インク・ビレッジの設立には、私の原体験も強く反映されています。私にはダンサーをしている娘がいるのですが、コロナ禍となり仕事を失いました。親の欲目かもしれませんが、彼女のダンスは心から胸を打つもので、躍動感あふれる芸術作品そのものです。人の心を震えさせるものを生み出しているのに、資本主義の社会では経済的に豊かに生きていくことは難しい。私は、そんな社会はおかしいのではないかと思うのです。「Meaningful Growth」とは何なのかと疑問に感じます。素晴らしい表現をして、それに心が震えた人から対価をもらえるような社会がつくれないのであれば、私自身も生きる意味がないとさえ思ったのです。娘のような思いをしているアーティストや団体はたくさんあるので、そういった人たちの助けになりたいと思い、感動をお渡しすることで、その対価が得られるようなアーティストの基盤となる仕組みを構築しようと考えました。これが、コネクテッド・インク・ビレッジです。これから、たくさんのアーティストや団体とコラボレーションし、社会実装を果たしていきます。

事例2 ピジョン

パーパスに沿って経営の大きな意思決定を行い、事業・商品を創っていく

ピジョン株式会社　代表取締役社長
北澤憲政氏

　1949年に創業し、日本のベビー用品を牽引してきたトッププランナー。特に創業のきっかけとなった哺乳器はブランドとして名高い。日本での展開だけでなく、2002年にはピジョン上海を設立し、中国本土への本格進出も果たす。2019年に「赤ちゃんをいつも真に見つめ続け、この世界をもっと赤ちゃんにやさしい場所にします」をパーパスとする。

> **本事例のポイント**
> ・「社員の離職意思を減少させたい」という課題意識が、パーパス策定の背景の一つに
> ・社員の感動体験によりパーパスの共鳴を図る
> ・パーパスを体現するために、赤ちゃんやママに関する研究を深め、商品やサービスを開発し、お客様に提供する

　ベビー用品全般を扱い、特に哺乳器のトップブランド

として知られるピジョン株式会社。代表取締役社長の北澤憲政氏に、パーパス「赤ちゃんをいつも真に見つめ続け、この世界をもっと赤ちゃんにやさしい場所にします」を策定した背景や共鳴、実装について話を聞きました。

【発見】 パーパスの設定と事業ポートフォリオの見直しを同時に進行

2019年に社長に就任した際、自社の存在意義について考えるようになりました。対外的にはそれをブランドプロミスとして発信していこうと準備をしていきました。社内に対しては、当時の課題を解決していくことにつなげたいという思いがありました。その頃の当社は、経営は安定し、社員の給料も上げることができましたが、30代の"これから"という層が離職してしまうという課題が浮上していました。おそらく、社外での学びにより、「社会は大きく変わっているのに、この会社にはあまり未来を感じられない」と不安になっての離職であったのではないでしょうか。つまり、若手社員が求めているのは、社会的な安定やステータスだけではなく、存在意義こそ重視されているということがわかったのです。こうした課題を踏まえ、パーパスという存在意義を明確に示し、未来に向かい、社員でまとまって進んでいけるような環境をつくっていく必要があると考えました。やはりビジネスを実行するのは従業員ですから、従業員が気持ちよく動いてくれ

ない限りは、何をやっても上手くいきません。

　策定プロセスとしては、私の中にあった考えをそのまま言葉にし、「赤ちゃんをいつも真に見つめ続け、この世界をもっと赤ちゃんにやさしい場所にします」というパーパスを策定しました。

ピジョンの存在意義

存在意義

我々が社会において存在している意味、
そして果たすべき役割

赤ちゃんをいつも真に見つめ続け、
この世界をもっと
赤ちゃんにやさしい場所にします

出所：ピジョン　ホームページより　https://www.pigeon.co.jp/about/pigeonway/about/

　以前、当社には、「愛を製品やサービスの形にして提供することによって、世界中の赤ちゃんとご家族に喜び、幸せ、そして感動をもたらすこと」というミッションがありました。赤ちゃんやご家族を対象とした育児用品事業と、高齢者を対象とした介護事業を保持しているため、それらの事業をカバーする表現になっていたのです。しかし、全てを包括する

がゆえにわかりにくくなっているという問題もありました。

そこで、パーパスの策定と同時に、ベビーに特化していくという方針で事業ポートフォリオを見直し、選択と集中をしました。

これからは、世界的な出生数の減少も視野に入れていかなければいけないため、その課題に対して当社がどうアクションを起こしていくかを具体化するビジョンも必要だと考えています。少子高齢化は間違いなく国が取り組むべき課題ですが、一企業でもできることがあるはず。国や社会が動く前のファーストステップとして、当社が率先して少子化の課題を解決する仕組みをつくっていくことが必要であると考えています。パーパスが変われば、ビジョンもバージョンアップされるのが当然です。

【共鳴】 パーパスによる取り組みで感動する体験を

パーパスは、社員がイメージが湧き、具体的なアクションを起こせることが非常に重要です。こう考えるようになった背景は、私の中国駐在時の体験にまで遡ります。ピジョン上海では、毎年1回政府の資金が行き渡らないような地域に学校を建設していました。その設立された学校に見学に行き、実際に子どもたちのキラキラした目を見て、私は非常に感動しました。この感動体験を得られるよう、従業員も連れていくようになり、感動が広がっていきました。ひとつの会社で長年働き続けていくには、会社が目指す方向性を目の当たり

にできる感動体験は、非常に重要なのです。

　こうした感動体験の創出として、現在は、オフィス1階に「日本橋　母乳バンク」の開設を全面的に支援しました。「母乳バンク」は、小さく生まれた赤ちゃんのために、寄付された母乳を低温殺菌処理し、安全に管理し提供する施設です。母乳を与えることで、小さく生まれた赤ちゃんが壊死性腸炎に罹るリスクを人工乳に比べ3分の1程に低下させる効果があるといわれています。こうした活動を支え、さらに社員がパーパスの実装を身近に感じられるよう、オフィスの一角を提供しているのです。

　加えて、社内報も一新しました。デジタル化し、動画なども流しています。パーパスを押し付けるようなことはせず、「キタザワの頭の中」というコーナーで私の考えを伝えています。双方向性のある仕組みも導入し、社員たちが主体的に考えるきっかけになるようにしています。

【実装1】 パーパスを体現した商品だけをお客様に提供する

　私は企業のパーパスとブランド、事業は3つで一体であると考えています。つまり、当社のパーパスである「赤ちゃんをいつも真に見つめ続け、この世界をもっと赤ちゃんにやさしい場所にします」を体現する事業を構築していくことが求められます。

　そこでつくったのが、お母さんのおっぱいの感触に限りな

く近づけた乳首です。赤ちゃんによっては、お母さんのおっぱいと感触が違うことで乳首をくわえることを嫌がることがあります。どのようにしたらその違和感を取り除くことができるかを考え、柔らかさを追究した乳首を研究開発し、赤ちゃんのストレスをより緩和し、保護者の方のご負担をもっと軽減していくことを目指しました。

　企業としては、事業を回していくために利益を得ていくことは不可欠です。しかし、それとパーパスの実現は相反することではありません。むしろ、事業のコアにパーパスがあることが企業にとっては重要なのです。

　事業へのパーパスの実装は、商品を世に出すだけではありません。私たちは、このパーパスに基づいた判断で、ベビーカーの自主回収を2回行いました。ベビーカーの一部に集中的に負荷がかかることで破損する可能性があったためです。特に2回目の自主回収は、安全性に大きな問題がある事案ではありませんでしたが、「赤ちゃんにやさしい場所」というパーパスに則った時に、回収という経営判断に迷いはありませんでした。企業にとって回収が大きなロスであることは間違いありませんが、パーパスがあることで、判断がブレなくなるというメリットを痛感した出来事でもありました。これはパーパス・ドリブンな経営をする上で重要な側面だといえるでしょう。

【実装2】 新規事業などを提案する機会を設計

2019年から1年に1回実施する、「ビジョン・フロンティア・アワード（PFA）」を設けました。アワードのコンセプトは、「社員が働いていて楽しいと思える時間を増やし、未来に向けて、失敗を恐れず挑戦していくことを応援・表彰すること」です。社員自身から提案された活動案を仲間と共に、達成に向けて1年間取り組み、よい活動に対しては会社から表彰します。

これまでアワードでは、低体重の赤ちゃんの初乳をあげるためのディバイス、ピジョンのキャラクターの提案などがなされました。この機会を設けたことで、従業員の持っている能力を引き出し、より意欲を持って臨んでくれる仕組みができています。社員からのアウトプットを目の当たりにし、自然にパーパスが根付いていることを実感しています。これからも、「赤ちゃんにやさしい場所」をつくるというパーパス実現のために、多様な事業を提案していきたいと考えています。そしてこれらは、私自身のパーパスでもある「常に社会に対して新奇性のあることを働きかけていく」ということとも合致しているので、これからが楽しみです。

複数の文化を持つメンバーが目指すことのできるパーパスを、グローバルに実装

株式会社LIXIL 取締役 代表執行役社長 兼 CEO
瀬戸 欣哉氏

　幅広い住宅設備機器、建材を扱うグローバル企業。「LIXIL（リクシル）」という社名は、「住」（LIVING）と「生活」（LIFE）から付けられた。パーパスとして、「世界中の誰もが願う、豊かで快適な住まいの実現」を策定した。

本事例のポイント
- 複数の組織文化を束ねるパーパスを策定
- 社員全員がパーパスに共鳴するために、地道によい会社をつくっていく
- パーパスを実装した新規事業を世界へ展開

　住宅設備機器、建材業界を牽引してきたLIXIL。2016 年に就任した社長兼 CEO の瀬戸欣哉氏に、パーパス「世界中の誰もが願う、豊かで快適な住まいの実現」の策定背景や、簡易式トイレを展開するソーシャルビジネス「SATO」での実装の取り組みについて話

を聞きました。

【発見】複数の文化を束ねる存在としてパーパスを掲げる

LIXIL では、LIXIL's Purpose（存在意義）を起点に、事業活動を通じて、ステークホルダーと社会全体に対して持続可能な価値創造の実現を目指しています。

そのために、「価値創造プロセス」というものを定めています。価値創造プロセスとは、LIXIL の存在意義を追求するために、様々な資本、従業員の取り組みを通じてどのように価値を生み出し、すべてのステークホルダーにとって価値向上につなげているのかを示しています。

LIXIL の価値創造プロセス

出所：LIXIL 提供資料より

LIXIL は、多様な歴史を持つ企業が 1 つの組織なって誕生

しました。2011 年にトステム、INAX、新日軽、サンウエーブ工業、東洋エクステリアの主要な建材・設備機器メーカー5 社が統合して、LIXIL となりました。

2016 年に私が LIXIL の社長に就任した時には、それぞれの前身となる会社のカルチャーがまだ根強く残り、それに基づいて個々の従業員が働いている状態でした。統合の背景もあり、会社に好感を持つことができないまま働いているメンバーも少なくありませんでした。

しかし、こうした文化を無理に融合させようとすると、過去の文化を大事にしてきた社員の自己否定感を生んでしまう危険性があります。

そこで、今の LIXIL を好きになり、誇りを持って働いてもらうためには、2 つのアプローチが必要であると考えました。1 つ目は、経営が悪化している企業では従業員の自尊心が高まりにくいため、事業を軌道に乗せるということです。2 つ目は、自社は社会的価値の高い会社であるということを認識してもらうことです。それまでも、社会貢献活動は続けてきましたが、関わる人はごく一部でしたし、事業とは深くつながってはいませんでした。パーパスを掲げて、社会貢献にすべての従業員が自分ごととしてコミットできるようにすることが重要だと考えました。

私自身のパーパスは、シンプルにいうと「社会をよくすること」です。会社は小さな社会なので、私の役割は経営者として精一杯会社をよくし、社会に貢献することだと考えています。従業員一人ひとりに、会社にくることを楽しんで、誇

りに思ってほしいと考えています。そのため、当社では部門長をはじめ、様々な役割を担う社員が参加し、パーパスのワークショップを実施。全ての事業の軸となる「世界中の誰もが願う、豊かで快適な住まいの実現」という1つのパーパスを策定し、共鳴、実装していくこととしました。

【共鳴】 よい会社をつくることこそが最も浸透につながる

LIXIL の従業員は、誰もがトイレや風呂、サッシの"オタク"だといえます。「世界中の誰もが願う、豊かで快適な住まいの実現」というパーパスは、従業員たちが各々ずっと心の中で持ってきたことだったので、違和感なく受け入れられました。つまり、新たにパーパスを設けたというよりは、ずっと持っていた信念を掘り起こしたともいえます。

しかし、従業員全員が共鳴することは簡単なことではありません。バックオフィスのメンバーのように、直接エンドユーザーとの関わりがない従業員にとっては、パーパスに心から共鳴するための働きかけが不可欠です。

野球で例えるとするならば、ボールに触る選手だけがチームに貢献しているわけではありません。監督やゼネラルマネージャー、バットボーイ、広報などすべての人が含まれて、ゲームは成立するはずです。要するに、企業においても「全員がチームだ」という思いを醸成していくことが非常に重要になります。全ての従業員がパーパスを自分ごととして捉える機会を設け、チームとして同じ方向を向いていけるように

することは、経営者である私の重要な役割であると考えています。

　共鳴の具体的施策として、社内SNS「Workplace」を活用しています。SNSでつながることで意見を交換したりCR（Corporate Responsibility）活動に参加したり、そして、社外からLIXILの商品の高い評判を聞いたりすることで、「世界中の誰もが願う、豊かで快適な住まいの実現」を軸に社会に貢献している実感を得ることができます。つまり、遠回りであっても1つひとつよい会社をつくっていく歩みが共鳴になっていくといえるのです。

　一朝一夕にはいきませんが、少しずつ共鳴の輪が広がっていると感じます。例えば、年功序列から実力主義への移行を進めていますが、会社で一つの方向を目指した時、必ずしも全員にポジティブな影響があるとは限りません。年齢的に従来はマネジメント層を担ってきた人であっても、そうしたポジションに就けなくなる可能性があるのです。本来であれば、不平不満が出てきてもおかしくはありません。しかし、パーパス実現に向かっている現在では、年配の社員から面接などで話を聞いていると、「若い子にどんどんマネジメントを任せた方がよいと思う」という発言が出てくるようになりました。パーパスという大きな目標に共鳴することで、個人の利だけでなく、会社や社会全体へ目を向けられるようになったのではないでしょうか。

【実装】2025年までに1億人の衛生環境を改善するCR戦略「グローバルな衛生課題の解決」を通じ、パーパスを展開

　私たちが掲げる「世界中の誰もが願う、豊かで快適な住まいの実現」は、日本だけでなく、世界のあらゆる層の人びとの願いの実現を目指すものです。その具体的な取り組みの一つとして、開発途上国向け簡易式トイレシステムを開発・展開するソーシャルビジネス「SATO」があります。開発途上国では、未だ屋外や管理が不十分な汲み取り式トイレなどでの排泄をしている地域は少なくありません。そうしたエリアに住む人々は、不衛生な環境による伝染病など様々なリスクにさらされています。こうした状況を打破すべく開発したのが、安くてシンプルなデザインで設置も簡単、少量の水で洗浄でき、上下水道が整備されていないような地域でも利用できる簡易式トイレ「SATO」です。世界に衛生的なトイレを普及させる活動は広がり、SATO事業の拡大によって、現在では世界で41ヶ国に、約500万台が出荷され、2500万人以上の衛生環境を改善に貢献しています。従業員はユニセフとのパートナーシップに寄付をしたり、お客様やユーザーを対象にしたマーケティングキャンペーンを実施するなど、様々な活動を各地で展開しています。

　LIXILが解決すべき社会課題はトイレの問題だけではありません。例えば、一次エネルギーの最大の消費元は建築物です。建築物をサステナブルにするということは世界の命題となっています。例えばビルはコンクリートでつくられていま

すが、実は世界中から原料となる砂が失われつつあるのです。しかし、再生資源ではないので、失われても戻ることはないのです。LIXILではこの状況を変えるために、環境に配慮した新素材の開発を進めています。

　人々の生活を豊かにすることは我々の役割ですが、過剰な快適さを求めれば、世界の環境へ深刻な被害をもたらす可能性もあります。一社ができることは限られていますが、世の中をサステナブルな方向へ進むためにできることを考え、実行していくことも、「世界中の誰もが願う、豊かで快適な住まいの実現」というパーパスを実装する上で重要な観点であると考えています。

事例4 ぐるなび

企業の再成長に向けて、
パーパスを打ち立て立ち向かう

株式会社ぐるなび 代表取締役社長
杉原 章郎氏

　飲食店情報サイト「ぐるなび」を運営。飲食店などの経営に関わる各種業務支援サービスの提供なども行う。創業からつなぐ想いとして、「日本の食文化を守り育てる」があり、2021年にパーパス「食でつなぐ。人を満たす。」を策定。

本事例のポイント

・企業の再成長に向けて、全社員が当事者意識を持てるパーパスを策定

・「社員の行動変革」と「社員との約束」を明確化することで、パーパス実行のための社員の行動を促し共鳴につなげる

・パーパスを体現する未来に向けたアイディアを出し合う

　飲食店情報サイト「ぐるなび」を運営する株式会社ぐるなび。事業の再成長に向けて、どのようなパーパ

スを策定し、実装していこうとしているのか。代表取締役社長を務める杉原章郎氏にお話を聞いた。

【発見】企業の再成長に向けて全員が当事者意識を持てるパーパスをつくる

2019年に社長に就任し、ぐるなびの再成長に向けた全社プロジェクトの中の1つとして、コーポレートブランドプロジェクトを始動させました。その背景として、2017年度以降の業績の停滞がありました。経営を立て直すには、「今後、長期に渡り当社が必要とされていくには、何が必要なのか」、そう自社の存在意義を改めて問い直す必要がありました。

そこで、社員が自分の拠り所になるようなパーパスをつくる必要があると考えました。策定に際しては、まず、これまでのブランド価値を棚卸し、再定義しました。私は、数字ではわからない部分こそが重要だと考え、社員の声を聞くべく全国の営業所を行脚。社員に話を聞けば聞くほど感じたのが、とことん外食や食のことが好きなメンバーが集まっているということでした。

パーパス策定に際しては、「みんなでつくる」ということを大事にしました。経営幹部を中心に、何度もワークショップを重ねてつくりました。その中では、私も一人の参加者。多様な議論が重ねられましたが、最終的にはもっと食の世界で貢献できることを見つけたいというスタンスに戻ってきました。

ワークショップには、経営幹部だけでなく、次世代を担う

社員も参加し「制約なく考えたあるべき未来の姿」をテーマとして行われました。

　大切にしたのは、端折らずに、きちんとみんなで話し切ること。最終的な新しい理念の枠組みが完成するまでは、14ヶ月で1,940時間、関わった総参加人数は約70人となりました。この策定の経緯は、つぶさに記録して「BRAND GUIDEBOOK」にまとめました。そして、2021年春に「食でつなぐ。人を満たす。」というパーパスのリリースに至りました。

【共鳴】「社員の行動変革」と「社員との約束」を明確化

　パーパスを掲げただけでは実際には変わりませんから、カルチャーに昇華していくための行動を喚起することが求められます。「ぐるなびの行動変革」の6つと「社員の行動変革」の8つを社員に示し、社員自身が日々の行動を変えていくことを促しました。日々の行動があるからこそ、それがカルチャーとして浸透し、社員全員が当事者としてパーパスに共鳴していくことができると考えています。

【ぐるなびの行動変革】

1. 多様性を包括する。
   Inclusion and Diversity
   多様な人材が個性を発揮できる環境をつくり、個人と

組織のパフォーマンス最大化に努めます。

2. あるべき姿を更新する。

Update Normal

社会や市場の変化へ柔軟に対応し、時代に適したあるべき姿を目指します。

3. 点をあらゆる可能性として捉え、価値につなげる。

Connecting the Dots

人、組織、事業、データなど、社内にとどまらず、あらゆる点と点をつなぎ新たな価値を見出します。

4. 社会のためにあらゆる方法を模索する。

Open Innovation

社内外のアイデアや技術を掛け合わせ、社会に有益なイノベーションを生み出します。

5. 世界基準の価値観を持つ。

Global Mind

文化、言語、距離の壁を越えた、世界的な視点・マインドを持ち続けます。

6. 持続可能な未来に向けて共創する。

Co-Creating Sustainability

すべてのステークホルダーと共に理解・尊重し合い、長期的で普遍的な価値ある文化を生み出します。

【社員の行動変革】

1. お客様の期待を超えよう。

Create Customer Delight

期待を超えた感動こそが、真のお客様満足につながる。目の前のすべての人をお客様だと考え、常にその期待を上回ろう。

2. 理想を描こう。

Outline the Ideal

大きな変革のためには、大きな理想は欠かせない。小さくまとまらずに、これからのぐるなびと社会を前進させる理想を掲げよう。

3. 誰よりも考えよう。

Think Deeply

言われてから動いても、良いアイデアは生まれない。誰よりも早く考え、考え続け、深く考え抜こう。

4. 素早く実行しよう。

Act Quickly

どんなに良いアイデアも、生み出された瞬間から鮮度を失う。最新のニーズに応えるために、新鮮なうちにカタチにしよう。

5. 早いうちに失敗しよう。

Fail Early

大切なのは失敗による損失を最小限にし、成功のヒン

トを得ること。失敗から学び、軌道修正し、次の成功
につなげよう。

6. 自ら見つけよう。

Find it Yourself

与えられた条件、過去の成功、上司からの指示も正解
とは限らない。あらゆることに自分自身の答えを探し、
見つけよう。

7. やりきろう。

Get it Done

成功は、完遂するまでやり続けた人にのみ訪れる。ど
うすれば出来るか、その方法を考え工夫しよう。

8. 巻き込もう。

Join Together

一人より複数の視点で考えることで、アイデアは洗練
される。周りの人を巻き込み、相乗効果を高めよう。

　さらに、会社側としては社員に対する約束を明確化しまし
た。私はよく、「何か不満がある？」と社員に聞いて回って
います。そこで返ってくる答えをまとめたものが、この「社
員との約束」に集約されています。明文化していくことで、
経営の意識を高め、結果として会社と社員が互いに約束を守
ろうという意識につながっていくと考えています。

【社員との約束】

1. 行動への敬意

   これまでの概念に縛られない、新たな取り組みや前向きな行動に敬意を表します。

2. 議論し合える場

   誰もが自由に発言・議論し合える場をつくり続けます。

3. 成長する機会

   自ら考え行動することで成長できる機会を大切にし続けます。

ぐるなびのパーパスダイアグラム

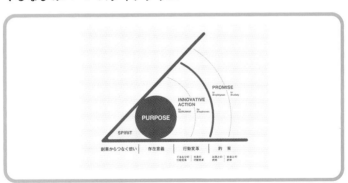

出所：ぐるなび提供資料より

【実装】 未来の事業に向けてアイディアを出し合う

パーパスを通じて未来に向けてどのような新しい価値を提供する企業になるか、社員とともにアイディアを出し合いました。折しも、コロナ禍となり、飲食店の皆様がお店を思うように営業できない状況が続きました。私たちも大事にしたい部分は守りながらも、1本の軸ではなく経営を多角化し複数の軸をつくっていくことが求められていると感じています。

パーパスを体現していくためには、組織を再構築していくことも重要です。縦割りの組織を転換したり、営業や企画の組織を効果的な機能につくり直したりしていくことが求められると考えています。

これから、社内外での取り組みを一層加速させ、パーパスを体現していきます。

事例5 日産自動車

「自社の存在意義とは？」という大きな危機感からボトムアップでパーパスを策定

日産自動車株式会社 経営戦略本部 経営戦略室 主管
小林 利子氏

グローバルコミュニケーション本部
グローバル広報キャンペーン部 部長
大神 希保氏

　日本の大手自動車メーカー。1933年創業以降、自動車産業を牽引。国内のみならず、アメリカや中国で高級ブランドを、発展途上国で低価格ブランドを展開している。なお、日本初量産EV車「リーフ」をリリースした企業でもある。2020年に、「人々の生活を豊かに。イノベーションをドライブし続ける。」をコーポレートパーパスとして発表。

　本事例のポイント
・会社の存在意義を問うことからボトムアップでパーパス策定に動きだす
・若手社員が自ら動き、自社について語るようになる

・パーパス・ドリブン経営により、事業によるソーシャルインパクトを生み出す

　日本を代表する自動車メーカーである日産自動車株式会社。世間から注目された事件や顧客の志向の変化などの課題に直面する中で、ボトムアップでパーパスを策定した。日産自動車株式会社　経営戦略本部　経営戦略室　主管の小林利子氏、グローバルコミュニケーション本部　グローバル広報キャンペーン部　部長の大神希保氏に、策定の狙いやステップ、実装について伺った。

【発見】 会社の存在意義を問うボトムアップのプロジェクト

　日産自動車のコーポレートパーパス制定プロジェクトは、ボトムアップでスタートしました。2017年度から2018年度にかけて、当社は社会の皆様にご心配をおかけする出来事が続きました。世間をお騒がせしただけでなく、社内でも社員が会社に対する信頼を失っていきました。なかには、明らかに仕事へのモチベーションが低下している社員もいたのです。多くの社員が「日産自動車は社会に存在してよいのだろうか」と悩むようになっていました。

　加えて、お客様の価値観の転換についても日々感じていました。これまでは、デザインや品質で商品が選ばれてきまし

たが、特に若い層を中心に、企業の姿勢に注目し、商品を選ぶようになっていたのです。

　そこで、2019年コーポレート市場情報統括本部の部長（女性）が音頭を取って、日産を愛してやまない部課長級有志の女性数名が週に1回ランチタイムに集まり、日産の存在意義や向かうべき方向について語り合う機会を設けました。その後、自分たちの周囲で働く40代〜50代の社員に同様のテーマでカジュアルインタビューをしました。2020年には内田誠社長に承認を得て、日本やアメリカ、中国、ブラジル、中東など世界中で働く20〜30代の社員にもインタビューをしました。

　この取り組みにより年代ごとに会社に対する考え方が大きく異なることがわかりました。40代〜50代は入社理由としてプロダクトの魅力を挙げる社員が多かったのに対し、20〜30代の社員からは「量産EV車を日本で最初にリリースした企業で世界の環境問題に貢献したいと思った」という声が聞かれました。

　こうしたヒアリング結果を生かし、1月に社長へ提案、2月にプロジェクト化、2度の経営メンバー全員へのインタビューと半日ワークショップを経て、6月に最終的なパーパス「人々の生活を豊かに。イノベーションをドライブし続ける。」を策定しました。

【共鳴】 若手社員が自社について自ら語るようになる

　パーパスをスローガンで終わらせず、意思決定の基準や社内カルチャーとして根付いていくように働きかけていくことが重要です。各社員からのインタビューを生かし、自分事化しやすいパーパスとしたことで、パーパスとミッション、NISSAN WAY（行動指針）や長期戦略をつなげて考えるメンバーも出てきています。

　また、これまでは当社には財務面でのKPIしかありませんでした。それが、パーパスを基に「2030年に向けてどういった姿でありたいか」という話し合いなどが行われ始めたため、今後はパーパスを基にした各部署や各自のありたい姿も見えてくるはずです。

　他にも、若手が手を挙げて入社式を企画し、新入社員に向け「日産とはこのような会社です」と紹介しました。ボトムアップから始まったコーポレートパーパスの制定プロジェクトの成果もあり、若手社員が自発的に「自分たちはこうしたい」「こんな会社にしたい」と提案するようになってきていると感じています。

【実装】 事業を通じてソーシャルインパクトを生み出す

　これまで進めてきた日本電動化アクション「ブルー・スイッチ」はまさにパーパスを実現するプロジェクトだと感じ、その取り組みに一層自信を持ち、注力しています。「ブルー・

スイッチ」は、量産電気自動車「日産リーフ」を電力源にし、災害時の電力供給体制構築と EV の「走る蓄電池」としての価値普及を伝えるものです。現在は、「災害連携協定」を約 150 件ほどと締結し、社会貢献活動を広げています。

　なお、「福島県浜通り地域における新しいモビリティを活用したまちづくり連携協定」を日産と福島県で結び、EV を震災復興と持続可能なまちづくりにもつなげています。被災地での過疎化は大きな課題となっています。しかし、ただ人口を増やすだけでは不十分です。私たちは地域への帰還や交流人口が増加しても、それに耐えられる整備をしようと考え、新たな移動手段となるモビリティサービスの提供を進めています。福島県浜通り地域の生活利便性の向上や経済・産業の活性化へも貢献する、自由な移動手段の構築を目指しているのです。モビリティサービスの普及やエネルギーマネジメントにおいて、脱炭素社会実現のリーディングカンパニーとして期待に応えていきたいと考えています。

　パーパス・ドリブンな経営によって、事業によるソーシャルインパクトを生み出したいと願っています。これからも、あらゆる地域、あらゆる国において、「人々の生活を豊かに。イノベーションをドライブし続ける。」を実装すべく、走り続けます。

巻末資料

アイディール・リーダーズ株式会社は、パーパス（存在意義）を策定した企業の従業員を対象に、パーパスが行動や意識に与える影響、課題について実態調査を行い、レポートとして公開いたしました。

パーパスとは「なぜその企業がこの世に存在するのか」の答えとなる、企業の存在意義を意味するものです。組織としての一貫性のある戦略や一体感を得るため、パーパスを策定・実践する企業が増えています。パーパスに関する調査は海外が先行しており、日本国内を対象とした調査がほとんど存在しないことから「パーパスに係るアンケート調査」を実施しました。

会社のパーパスが働く理由となっていると回答した人約60%（回答数854名）

あなたの会社の存在意義（パーパス）は、あなたがこの会社で働く理由にどの程度なっていますか？

4.5%

23.1%　37.3%　21.8%　13.3%

■とても理由になる　■少し理由になる　どちらでもない
■あまり理由にならない　■全く理由にならない

会社のパーパスが自分の思考や行動に影響を与えていると回答した人 約55% （回答数854名）

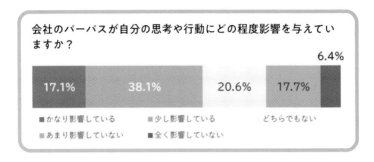

会社のパーパスが自分の思考や行動にどの程度影響を与えていますか？

6.4%

| 17.1% | 38.1% | 20.6% | 17.7% | |

- ■かなり影響している
- ■少し影響している
- どちらでもない
- ■あまり影響していない
- ■全く影響していない

パーパスを理解・自分事化する取り組みには改善の余地あり

　パーパスドリブンな企業になるためには、単にパーパスを策定するだけではなく、社員に対して自社のパーパスを自分事化する機会を設計することが重要だと考えられます。

　一方で、「自社のパーパスに関して十分に理解・自分事化する機会を得られているとどの程度感じますか？」という質問に対して、「非常に感じる」と答えたのはわずか約18％にとどまる結果となりました。パーパスを理解・自分事化する取り組みには改善の余地があるといえます。

自社のパーパスに関して十分に理解・自分事化する機会を得られていると感じていると回答した人 約59%（回答数854人）

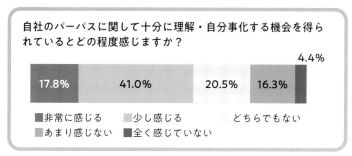

自社のパーパスに関して十分に理解・自分事化する機会を得られているとどの程度感じますか？

| 17.8% | 41.0% | 20.5% | 16.3% | 4.4% |

■非常に感じる　■少し感じる　　どちらでもない
■あまり感じない　■全く感じていない

考察：一般的な言葉のパーパスでは社員の違和感が大きい。「ワクワクを感じない」

　自社のパーパスに対する違和感について質問したところ、「表現が一般的過ぎてどの会社の存在意義にも当てはまる」という回答が最も多かったです。またその次に多かった回答が「ワクワクを感じない」となりました。

　パーパス策定を策定する際には、一般的な言葉に落とし込むのではなく、自社の存在意義が凝縮され、より良く表現される形となっているか、社員の心に響くかという観点が重要になる可能性があります。

実態調査の概要

対象：日本国内のパーパスを有する企業に勤める従業員（有効回答者数 824 人、男性 65.4%・女性 34.6%）

手法：インターネット調査

実施時期：2021 年 6 月

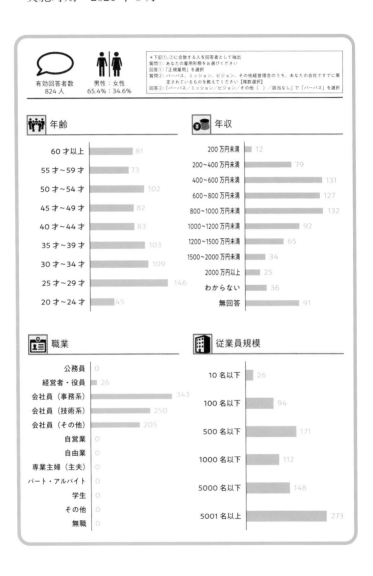

有効回答者数
824 人

男性：女性
65.4%：34.6%

＊下記①、②に合致する人を回答者として抽出
質問①：あなたの雇用形態をお選びください
回答①：「正規雇用」を選択
質問②：パーパス、ミッション、ビジョン、その他経営理念のうち、あなたの会社ですでに策
　　　　定されているものを教えてください【複数選択】
回答②：「パーパス／ミッション／ビジョン／その他（　）／該当なし」で「パーパス」を選択

年齢

60 才以上	81
55 才～59 才	73
50 才～54 才	102
45 才～49 才	82
40 才～44 才	83
35 才～39 才	103
30 才～34 才	109
25 才～29 才	146
20 才～24 才	45

年収

200 万円未満	12
200～400 万円未満	79
400～600 万円未満	131
600～800 万円未満	127
800～1000 万円未満	132
1000～1200 万円未満	92
1200～1500 万円未満	65
1500～2000 万円未満	34
2000 万円以上	25
わからない	36
無回答	91

職業

公務員	0
経営者・役員	26
会社員（事務系）	343
会社員（技術系）	250
会社員（その他）	205
自営業	0
自由業	0
専業主婦（主夫）	0
パート・アルバイト	0
学生	0
その他	0
無職	0

従業員規模

10 名以下	26
100 名以下	94
500 名以下	171
1000 名以下	112
5000 名以下	148
5001 名以上	273

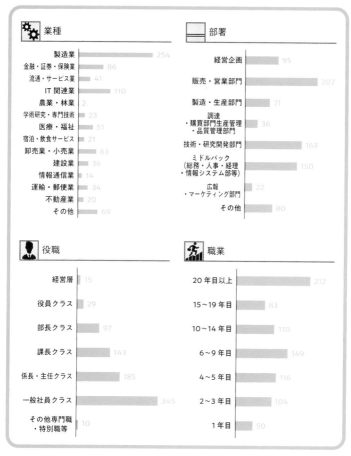

調査結果の詳細については、アイディール・リーダーズのホームページより無料でダウンロードできます。

　「アイディール・リーダーズ　パーパスに係る実態調査」で検索ください。

巻末　注一覧

第 1 章
※ 1
『日本経済新聞』2019 年 8 月 20 日

※ 2
2019 年度事業方針、「Society 5.0 for SDGs」で新たな時代を切り拓く、日本経済団体連合会

※ 3
『日本経済新聞』2021 年 5 月 5 日　資本主義の進化を考える（10）「共通善」追求の重要性

※ 4
パタゴニア HP の記事　ダムネーション：石木ダム建設阻止活動をご支援ください
https://www.patagonia.jp/stories/damnation-help-stop-ishiki-dam-in-japan/story-17731.html

※ 5
ユニリーバの自己肯定感向上の取り組みの例：ダヴ 子どもに自己肯定感の大切さを伝える「大好きなわたし〜 Free Being Me 〜」ワークショップ、文部科学省「青少年の体験活動推進企業表彰」審査員会優秀賞を受賞！
PR TIMES 2021 年 4 月 2 日
https://prtimes.jp/main/html/rd/p/000000153.000032369.html

※ 6
バリスタ i に関してはネスレ日本のプレスリリース（2016 年 8 月 26 日）参照
https://www.nestle.co.jp/sites/g/files/pydnoa331/files/media/

pressreleases/allpressreleases/documents/20160826_nescafe.pdf

※7
2021 年 4 月 13 日 LIXIL ESG イベント説明資料　より
https://www.lixil.com/jp/news/pdf/20211119_WTD_J_final.pdf

※8
外出先でも授乳・さく乳が安心してできるように　ピジョン株式会社
ホームページより　https://www.pigeon.co.jp/celebrate/nursing_room/

※9
ATD 国際会議「Motivating Millennials: New Research into Unlocking Their
Passions」より

第 2 章
※10
米国流社会貢献ビジネス「Buy One, Give One」は日本でウケるか？
サステナブル・ブランド ジャパン 2017.03.06
https://www.sustainablebrands.jp/article/story/detail/1188818_1534.html

※11
フレデリックが考えるパーパスに関しては Home's vi Blog の以下の記
事を参照
フレデリックがパーパスについて語った貴重な映像
2020/08/27
https://homes-vi.com/フレデリックがパーパスについて語った貴重な
映/

※12
ビュートゾルフに関しては Home's vi Blog の以下の記事を参照
オランダで急成長を遂げる Teal 型組織、Buurtzorg の驚きの組織運営
2017/08/16
https://homes-vi.com/オランダで急成長を遂げるteal 型組織、buurtzorg

の驚きの/

第 3 章
※ 13
なぜソニーは新たに Purpose を掲げたのか──"多様性"を強みに変えるソニーの「存在意義」
Biz/Zine 2019/11/25
https://bizzine.jp/article/detail/4065

※ 14
なぜ J- オイルミルズは企業理念体系を新たに策定したのか──ビジョン・ミッションを支えるパーパスの役割　Biz/Zine 2021/08/19
https://bizzine.jp/article/detail/6130

第 4 章
※ 15
『なぜ人と組織は変われないのか ― ハーバード流 自己変革の理論と実践』 ロバート・キーガン、リサ・ラスコウ・レイヒー 著　英治出版
『なぜ部下とうまくいかないのか　「自他変革」の発達心理学』 加藤洋平 著　日本能率協会マネジメントセンター　を参考に作成。

※ 16
Purpose を掲げることが企業と個人を豊かにする──インベスコ佐藤社長が語る「Purpose 経営」Biz/Zine 2021/06/07　https://bizzine.jp/article/detail/5996

第 5 章
※ 17
クックパッド株式会社　定款一部変更に関するお知らせ　2018 年 2 月 16 日　http://pdf.irpocket.com/C2193/hHid/KS3m/OaDd.pdf

※ 18
先進オフィス事例集　三幸エステート株式会社 https://www.sanko-e.

co.jp/pdf/data/download_case_5.pdf

※ 19
ユニリーバ・ジャパン、花王が協働回収プログラム「みんなでボトル
リサイクルプロジェクト」を開始　2021 年 5 月 18 日 https://www.
unilever.co.jp/news/press-releases/2021/unilever-japan-kao-minna-de-
bottle-recycle-project/

※ 20
なぜソニーは新たに Purpose を掲げたのか――" 多様性 " を強みに変え
るソニーの「存在意義」 https://bizzine.jp/article/detail/4065

※ 21
NEC が 100 年先を見据えて取り組んだ「NEC Way」の策定――役員合
宿を起点とした全社変革
Biz/Zine 2021/10/28
https://bizzine.jp/article/detail/6733

※ 22
ミツカンの新ブランド「ZENB」に学ぶ、パーパスドリブンな事業の立
ち上げ方
MarkeZine 2021/05/14
https://markezine.jp/article/detail/36171?p=3

※ 23
NEC の Code of Values については、「なぜ勝てなくなったのか…」NEC
が新組織を立ち上げ、" カルチャー変革 " に挑んだ 1 年間――「越境」
で新たな価値を生み出す NEC の今（後編）
リクナビ Next ジャーナル、2019 年 5 月 14 日
https://next.rikunabi.com/journal/20190514_c11/

大企業病からの脱却を目指す NEC の変革―― NEC Way を全社に浸透
させる「連鎖ミーティング」とは？

BizZine 2021/10/29
https://bizzine.jp/article/detail/6734

※ 24
株式会社 ZENB JAPAN 代表取締役社長　濱名誠久氏へのインタビュー
により本文を作成

※ 25
「一人ひとりが「企業の思いを自分ごと化」する ― LIFULL が取り組む
インナーブランディングの実践知」WORK MILL 2021 年 3 月 16 日
https://workmill.jp/webzine/20210316_lifull2.html

※ 26
実査委託先：日本マーケティングリサーチ機構（2021 年 5 月）

おわりに

　ここまでお読みいただきましてありがとうございました。

　本書は、コロナ禍の只中で、何度もオンラインで打ち合わせを重ねて制作されました。新型コロナウイルス感染症の蔓延により、世界は混沌とし、一層これからの未来は見えにくくなりました。そんな時だからこそ、「会社はどこへ向かっていくのか」、「私たちは何のために働くのか」といったパーパスの重要性がより際立ってきていると考えています。

　「自分たちが活動することで、世の中にはどのようなよい影響があるのか？」

　「自分たちは世界のどんな課題を解決するのか？」

　各企業がこうした問いを掲げ、実装し続けることで、1つひとつの社会課題が解決につながっていくはずです。

　パーパス・ドリブンな経営をすることは、決して難しいことではありません。人間が「自分は何のために生きるのか？」を考えるように、組織も「自分たちは何のために存在するのか？」を考えることは自然なことです。パーパス・ドリブンな経営は自分たちに制限をかけるものではありません。その本質は、より自由に、より幸福になるためにパーパスを問い続けることです。筆者は、これからも変わらずにその支援を続けていきます。

　最後に、本書制作にあたっては、たくさんの方々に支えていただきました。まず多忙であるにも関わらず、取材に応じ

219

てくださった方々に、改めて感謝いたします（敬称略、五十音順、役職は取材当時のもの）。

- ADK　植野伸一社長
- インベスコ・アセット・マネジメント 佐藤秀樹社長
- NEC　浅沼孝治シニアエキスパート
- ぐるなび　杉原章郎社長
- J-オイルミルズ　竹田健祐 未来創造センター長、佐竹恵氏、白井謙マネージャー、春野敦子氏
- ソニー　今田真実シニアゼネラルマネージャー
- 東京大学　野原慎司准教授
- 日産自動車　大神希保部長、小林利子主幹
- ピジョン　北澤憲政社長
- 一橋大学ビジネススクール　名和高司教授
- FiNC Technologies　南野充則社長
- ベネッセコーポレーション　富川麻衣子部長、上原ひとみ氏
- home's vi　嘉村賢州代表理事
- 三菱UFJフィナンシャル・グループ　米良徹次長、前川史佳調査役
- LIFULL　宮田大介グループ長
- LIXIL　瀬戸欣哉社長
- ワコム　井出信孝社長

　また、守秘義務によりお名前を出すことは叶いませんが、

様々なご支援の機会をいただいたクライアントの皆様に感謝申し上げます。

　そして、日々一緒に仕事をしてくれているアイディール・リーダーズのメンバーと、メンバーの家族にも感謝いたします。

　本当にありがとうございました。

　「人と社会を大切にする会社を増やします。」というパーパスを実現するために、これからも私たちは明るく、楽しく、前向きに進んでいきます。

　　　　アイディール・リーダーズ　永井恒男・後藤照典

〈著者プロフィール〉

永井恒男（ながい・つねお）
アイディール・リーダーズ株式会社　代表取締役 CEO
Midwestern State University にて MBA 取得後、株式会社野村総合研究所に入社。経営コンサルタントとして活動後、2005 年に社内ベンチャー制度を活用し、エグゼクティブコーチングと戦略コンサルティングを融合した新規事業 IDELEA（イデリア）を立ち上げる。2015 年 4 月、アイディール・リーダーズ株式会社を設立し、代表取締役に就任。上場企業の社長・取締役に対して、経営者本人や企業のパーパスを再構築するプロジェクトを多く手がける。国際平和構築 NGO Reach Alternatives 理事。
2019 年にビジョン経営に関する書籍『会社の問題発見、課題設定、問題解決』（クロスメディア・パブリッシング）を出版。

後藤照典（ごとう・あきのり）
アイディール・リーダーズ株式会社　COO
東京大学教育学部卒業。グロービス経営大学院修了（MBA）。グロービスマネジメントスクール講師。
株式会社ベネッセコーポレーションに新卒で入社後、商品企画、マーケティング、組織風土変革、人事などに携わる。企業に勤める傍ら、CTN 岸英光氏の下にてコーチ・講師のトレーニングを受ける。その後、「日本企業にパラダイムシフトを起こす」という志から、アイディール・リーダーズ株式会社に入社。業界を問わず、経営者・リーダー向けのエグゼクティブコーチング、ビジョン・パーパスの策定から実装に向けてのコンサルティング、1on1 トレーニングなどの実績多数。

アイディール・リーダーズ株式会社
パーパス（存在意義）コンサルティングとエグゼクティブコーチングを通じて、経営者のパーパスの言語化、そして具体化に向けた戦略策定のサポートをいたします。
URL：https://ideal-leaders.co.jp/

パーパス・ドリブンな組織のつくり方
発見・共鳴・実装で会社を変える

2021 年 12 月 30 日　初版第 1 刷発行

著　者——永井恒男・後藤照典
© 2021 Tsuneo Nagai, Akinori Goto

発行者——張　士洛
発行所——日本能率協会マネジメントセンター
〒 103-6009 東京都中央区日本橋 2-7-1　東京日本橋タワー

TEL 03（6362）4339（編集）／ 03（6362）4558（販売）
FAX 03（3272）8128（編集）／ 03（3272）8127（販売）
https://www.jmam.co.jp/

編集協力——株式会社レゾンクリエイト
装丁・本文デザイン——IZUMIYA（岩泉卓屋）
本文 DTP——株式会社 RUHIA
印刷所——シナノ書籍印刷株式会社
製本所——ナショナル製本協同組合

ISBN 978-4-8207-2977-8　C2034
落丁・乱丁はおとりかえします。
PRINTED IN JAPAN

エンゲージメント経営

柴田 彰 著

　会社経営の現場で「社員エンゲージメント」という言葉が聞かれるように
なってきました。社員エンゲージメントとは「社員が、自らが所属する組織
と自分の仕事に熱意を持って、自発的に貢献しようとする意欲」のことですが、
社員がこれを持つようになるには、どうしたらよいのでしょう？　いま、人と
組織の関係を見直すべき時に来ています。本書では、そのための具体的な手
法を解説します。

四六判　264頁